Título original: *Live life like a Kung-Fu Master*
Esta edição é publicada mediante acordo com a Skyhorse Publishing, Inc., através da International Editors & Yáñez Co' S.L.

Direção editorial: *Eduardo Viegas Meirelles Villela*
Tradução: *Paulo S. Júnior*
Revisão técnica: *Grão-Mestre Leo Imamura*
Revisão e apoio editorial: *Ana Carolina Santin Guerra*
Diagramação e projeto gráfico de miolo: *Marcelo da Paz*
Ilustração e arte de capa: *Marcelo da Paz*

Dados Internacionais de Catalogação na Publicação (CIP)
Bibliotecária Juliana Farias Motta CRB7/5880

M938v Moy, William
Viva melhor com a sabedoria de um mestre de kung fu:
ensinamentos para você lidar bem com os desafios do dia a dia/ William Moy e Paul Volponi.; Tradução Paulo S. Júnior. — 1.ed. — São Paulo(SP): EV Publicações, 2025.

308 p.; 17 cm x 24 cm.
ISBN: 978-65-87369-50-1

Título original: Live life like a Kung-Fu Master
1. Técnicas de autoajuda.I. Volponi, Paul.III. S. Júnior, Paulo.VI.Título: ensinamentos para você lidar bem com os desafios do dia a dia

CDD 158.1

Para aquisição de lotes de exemplares ou atendimento ao cliente, entre em contato:
E-mail: eduvillela@evpublicacoes.com.br
WhatsApp: (11) 96851-1515

NOTA EDITORIAL

As opiniões, conceitos e posicionamentos expressos nesta obra são de exclusiva responsabilidade de seus autores e não representam, necessariamente, o posicionamento institucional da EV Publicações ou de seu corpo editorial.

AVISO DE SEGURANÇA

As técnicas e práticas de Kung Fu apresentadas nesta obra devem ser executadas exclusivamente sob a supervisão direta de um instrutor certificado ou mestre qualificado. A execução inadequada das técnicas descritas pode resultar em lesões graves. A Editora e os autores se eximem de qualquer responsabilidade por danos físicos ou materiais decorrentes da prática indevida ou sem a devida orientação profissional.

VIVA MELHOR COM A SABEDORIA DE UM MESTRE DE KUNG FU

ENSINAMENTOS PARA VOCÊ LIDAR BEM COM OS DESAFIOS DO DIA A DIA

WILLIAM MOY & PAUL VOLPONI

EV PUBLICAÇÕES

VISÃO DO EDITOR

POR EDUARDO VILLELA*

Por que decidi lançar esse livro?

Como editor e praticante de artes marciais há mais de 30 anos, sendo 15 deles dedicados ao Wing Chun Kung Fu, tenho observado uma transformação significativa não apenas em minha própria vida, mas também nas vidas de inúmeros praticantes com quem tive o privilégio de compartilhar essa jornada.

A decisão de publicar **Viva melhor com a Sabedoria de um Mestre de Kung Fu** nasceu da convicção de que os princípios e filosofias das artes marciais transcendem em muito o aspecto físico do combate. Ao examinar o manuscrito dos autores, o Grão-Mestre de Wing Chun William Moy e o renomado escritor Paul Volponi, fiquei impressionado com a capacidade deles de traduzir conceitos tradicionais e muito antigos em ferramentas práticas para a vida contemporânea.

Vivemos em uma época de constantes mudanças, onde o estresse, a ansiedade e a sensação de desconexão parecem dominantes. As artes marciais, especialmente o Wing Chun, oferecem um antídoto poderoso a esse cenário. Elas nos ajudam a nos tornar pessoas mais centradas, calmas, menos ansiosas, mais presentes, pacíficas e amorosas. Os ensinamentos contidos neste livro demonstram como podemos melhorar a qualidade de nossos relacionamentos através da percepção refinada do outro, aguçando nossa capacidade de enxergar o que muitas vezes está diante de nós, mas permanece invisível.

Há algo profundamente enriquecedor na forma como as artes marciais nos orientam a pensar e agir estrategicamente. Essa mentalidade, quando aplicada ao cotidiano, eleva significativamente a qualidade de nossas decisões. O que me encantou neste projeto foi perceber como o Wing Chun, por meio da perspectiva do Grão-Mestre William Moy, oferece um caminho claro para essa evolução pessoal.

Se no passado, em épocas onde guerras e conflitos eram mais frequentes, as artes marciais representavam ferramentas essenciais de sobrevivência humana – onde combater era necessário para preservar a própria vida – hoje, elas nos ensinam a lidar melhor com os "combates" do dia a dia. Esses combates modernos são os problemas, dificuldades e desafios que todos enfrentamos em nosso trabalho, no ambiente familiar e no convívio social de maneira geral.

Como editor, busco constantemente conteúdos que não apenas informem, mas que verdadeiramente transformem. Acredito que este livro carrega esse potencial transformador. Ele não é apenas um manual técnico sobre uma arte marcial; é um convite para uma vida mais plena, consciente e equilibrada. Os princípios da Linha Central, do equilíbrio, da eficiência e da sensibilidade são metáforas poderosas que, quando incorporadas ao nosso modo de ser, podem revolucionar nossa experiência cotidiana.

Em um mundo que frequentemente nos afasta de nosso centro, o Wing Chun nos ensina a permanecer enraizados e conectados com nossa essência. Em uma sociedade que valoriza a força bruta, ele nos mostra o poder da suavidade e da adaptabilidade. Em meio ao caos da vida moderna, ele oferece um caminho para a clareza e o propósito.

É importante ressaltar que você não precisa ser praticante de artes marciais para aproveitar plenamente o conteúdo deste livro. Nas páginas a seguir, qualquer leitor encontrará lições valiosas que podem impactar muito positivamente sua vida, independentemente de sua experiência prévia. Confesso, porém, que nutro o sonho de que esta leitura inspire aqueles que ainda não praticam artes marciais a iniciar esse caminho maravilhoso.

É com grande satisfação que entrego este trabalho aos leitores, confiante de que as páginas a seguir contêm não apenas conhecimento, mas sabedoria – uma sabedoria que, como o próprio Kung Fu, se traduz em "habilidade adquirida através do tempo e esforço", uma jornada que vale cada passo dado.

*__Eduardo Villela__ é fundador e Publisher da EV Publicações e praticante de Wing Chun Kung Fu.

Dedicatória

Para meu pai, que me ensinou a beleza da simplicidade, e minha mãe, que me revelou a essência da generosidade.

AGRADECIMENTOS

Os autores expressam seu sincero agradecimento a esses indivíduos excepcionais e talentosos, cuja valiosa contribuição foi fundamental para a realização deste projeto: Rex Aperauch, Russ Makofsky, Stacey Korolkova, Tak Wah Eng, Tish Das, Anthony Lucic, Karen Sheperd, Steven Cheung, Stan Kupchenko, Wendy Behar, Leo Imamura, Sammo Hung, Myron Young, Mark Elliston, Miguel Hernandez, Alberto Cayton, Frank Lovato, Christopher Grallert, Chris Fiali, Julie Ann, Dave Cowens, Denis Josselin, Kayla Harrison, Lea Page, Doc-Fai Wong, Ila Borders, Kevin Kennedy, Greg Ardon, Kayla Greenberg, Ellen Bialystok, Susan McGreevy-Nichols, Michelle LeBaron, Mina Hung, Gine Lui, Joseph Turcic, Henry Moy, Micky Chan, John Tsang, Tony Watts, Pete Pajil, Josh Castro e Joel Wapnick.

PREFÁCIO

POR LEO IMAMURA*

"Como um artista marcial, o mais importante não é apenas dominar a habilidade marcial. Pessoalmente, acredito que também é essencial possuir um certo nível de sabedoria e cultivo interno. O resultado de valorizar excessivamente a civilidade enquanto se negligencia a marcialidade é tornar-se um 'intelectual fraco'. Por outro lado, priorizar a marcialidade em detrimento da civilidade leva à condição de um 'boi belicoso'. Nenhum dos dois é digno de admiração. Todos sabem que o ideal é alcançar a capacidade e o talento em ambos, realizando a plenitude na civilidade e na marcialidade."

— Moy Yat em "A Lenda dos Mestres de Kung Fu"

A grande busca de um mestre de Kung Fu é o equilíbrio entre a civilidade (Man 文) e a marcialidade (Mo 武). Essa tradução simboliza a harmonia entre estratégia e execução, pensamento e ação, razão e instinto. No Kung Fu, Man e Mo representam a sabedoria de saber quando refletir e agir, um princípio essencial tanto para a vida cotidiana quanto para a guerra.

Por isso, **Viva Melhor com a Sabedoria de um Mestre de Kung Fu** é uma obra única em muitos sentidos. Ela materializa esse equilíbrio não apenas no conteúdo, mas na própria essência de sua autoria.

Para começar, é essencial reconhecer a qualificação dos autores. William Moy é um mestre em artes marciais, considerado um dos melhores do mundo em sua especialidade, o Wing Chun Kung Fu. Seu aprendizado junto ao seu pai, o Patriarca Moy Yat, discípulo direto do lendário Patriarca Ip Man, garantiu-lhe não apenas conhecimento técnico, mas uma compreensão refinada da cultura e dos valores dessa arte. Além de sua maestria no Wing Chun, ele também possui vasta experiência na arte de contar histórias, tendo contribuído com roteiros para filmes e séries, além de publicações como esta.

Por sua vez, Paul Volponi é um mestre na arte da escrita. Escritor premiado e autor de mais de 20 obras, ele decidiu não apenas estudar o Wing Chun, mas se tornar um praticante dedicado sob a tutela de Grão-Mestre William Moy.

O que torna esta obra verdadeiramente especial é a união de autores que trazem essas duas perspectivas complementares. Um mestre do Mo que manifesta o Man, e um mestre do Man que manifesta o Mo. Juntos, eles trazem à vida a visão do Patriarca Moy Yat, demonstrando, de forma inigualável, o equilíbrio entre Man e Mo, entre a sabedoria e o combate.

Em suas páginas, este livro transporta essa essência para o leitor contemporâneo, oferecendo uma visão profunda sobre o Kung Fu e sua aplicação na vida cotidiana. Ao não se limitar a técnicas ou movimentos, a obra revela como essa arte marcial pode ser um caminho para o autoconhecimento, o aprimoramento pessoal e o desenvolvimento de relações mais significativas.

Diferente de tantas abordagens simplistas que reduzem o Kung Fu a uma prática física, esta obra resgata seu sentido mais amplo: uma dedicação, na qual esforço e tempo se transformam em habilidade e sabedoria.

Ao longo das páginas, noções do Sistema Wing Chun são apresentadas de maneira envolvente, ilustradas por experiências pessoais e ensinamentos que transcendem o ambiente das academias e podem ser aplicados a qualquer área da vida.

Como praticante há mais de 45 anos, reconheço o valor desta obra como um verdadeiro guia para aqueles que desejam compreender o Kung Fu além das aparências, integrando-o às suas vidas como um caminho para se tornarem pessoas mais centradas, equilibradas e preparadas para os desafios do cotidiano. Que esta leitura inspire você a cultivar seu próprio caminho, respeitando sua individualidade e permitindo-se viver com a sabedoria de um Mestre de Kung Fu.

Vivemos em um mundo acelerado, onde as relações humanas enfrentam desafios constantes. A superficialidade nas interações e a busca incessante por respostas rápidas têm fragilizado a paciência, o discernimento e a escuta atenta. O mundo contemporâneo valoriza a rapidez, mas muitas vezes em detrimento da eficiência e da conexão genuína. Esta obra nos convida a refletir sobre a importância da espera, do acolhimento e do respeito, essenciais para manter relações mais autênticas.

Para tornar a aprendizagem ainda mais dinâmica, a obra apresenta ilustrações, histórias e referências a vídeos instrutivos no YouTube, permitindo que o leitor visualize e compreenda melhor os movimentos e conceitos discutidos. Essa combinação de texto e material audiovisual proporciona uma experiência rica e imersiva.

Seja você um praticante de artes marciais ou alguém que nunca teve contato com o Kung Fu, esta obra tem algo valioso a oferecer. Ela ensina que a verdadeira maestria não está apenas na luta, mas na forma como conduzimos nossa vida, na maneira como lidamos com os desafios, na arte de nos comunicarmos de forma autêntica e na capacidade de nos tornarmos pessoas melhores todos os dias.

Dessa forma, **Viva Melhor com a Sabedoria de um Mestre de Kung Fu** não é apenas uma publicação de aprendizado técnico, mas sim uma ferramenta para a construção de uma sociedade mais harmônica, onde respeito, disciplina e sabedoria possam ser cultivados e aplicados nas nossas interações diárias.

Aos autores e colaboradores, meu reconhecimento por tornarem esta obra possível. Aos leitores, a oportunidade de embarcarem em uma jornada transformadora, repleta de aprendizados que irão impactar não apenas a forma como enxergam o Kung Fu, mas também como vivem suas próprias vidas.

*__Leo Imamura__ é Grão-Mestre de Wing Chun Kung Fu e discípulo do Patriarca Moy Yat.

SUMÁRIO

Introdução 18

Capítulo 1
A Rota Mais Curta (Teoria da Linha Central) 24

Capítulo 2
A Linguagem do Kung Fu 38

Capítulo 3
A Pequena Ideia Inicial (Siu Nim Tau) 56

Capítulo 4
Por que uma Família Kung Fu? 72

Capítulo 5
Estrutura e Posição 88

Capítulo 6
Mantendo o Equilíbrio e Encontrando um Cavalo 98

Capítulo 7
Noção da Distância e Angulação 112

Capítulo 8
Um "Sistema" de Kung Fu 130

Capítulo 9
Chi Sau e Energia de Aderência 144

Capítulo 10
Relaxamento em vez de Tensão 162

Capítulo 11
Redirecionando Forças Externas 178

Capítulo 12
Defrontação e Mãos que Auxiliam 188

Capítulo 13
Unidade Corporal (Cham Kiu) 202

Capítulo 14
Criando Alavancagem para Nós Mesmos. 214

Capítulo 15
Um Modelo de Eficiência 226

Capítulo 16
O Ego é o Inimigo 240

Capítulo 17
Recuperando-se do Inesperado (Biu Ji). 256

Capítulo 18
Evite Conflitos Potenciais e Aceite o Inevitável. 268

Capítulo 19
O Boneco de Madeira e Além. 282

Capítulo 20
Levando seu Bom Kung Fu para o Amanhã 294

Pensamentos finais
Sobre passeios de carro 302

INTRODUÇÃO

Olá. Meu nome é William Moy, e muitas pessoas me veem como um mestre de Kung Fu. Sempre acho interessante ouvir e refletir a esse respeito. Isso porque o Kung Fu é uma arte na qual você nunca para de aprender e crescer como indivíduo. Embora eu tenha treinado e ensinado Kung Fu por mais de quatro décadas, ainda estou avançando em meu próprio caminho para um entendimento mais profundo da arte, do mundo ao meu redor... e de mim mesmo.

Inicialmente, aprendi Kung Fu com meu pai, o Patriarca Moy Yat, que, por sua vez, foi instruído por seu professor, ou si fu, Ip Man, um dos artistas marciais chineses mais famosos do século passado. Talvez você já conheça o nome de Ip Man pelos vários filmes de sucesso que retrataram sua vida. Ou talvez você o conheça através de seu aluno mais famoso, a estrela do cinema e da TV Bruce Lee, que era um irmão Kung Fu mais velho, ou si hing, do meu pai.

Antes de prosseguir, permita-me fazer uma pausa por um momento para acolhê-lo como meu irmão de jornada também. A Jornada Kung Fu. Quer você saiba ou não, em algum nível, você tem sido um praticante de Kung Fu desde seus primeiros anos de vida.

Como assim? Se eu chamar você do outro lado de uma sala semi-lotada para avisar que acabei de encontrar sua carteira no chão, você provavelmente começará a dar um passo em minha direção com um "ah, obrigado" já se formando em seus lábios.

Mas, nesse instante, se eu o surpreender e jogar a carteira para você de alguns metros de distância, em vez de entregá-la diretamente, suas reações naturais de Kung Fu entrariam em ação.

Veja, as palavras "Kung Fu" se traduzem literalmente como "tempo e esforço que resultam em habilidade". Pegar coisas é algo que você praticou a vida toda. Seu cérebro também estaria processando simultaneamente que eu joguei uma carteira e não uma pedra pesada. Visualmente, você observaria a trajetória do meu lançamento. Sem pensar, você ajustaria a posição das mãos e a postura para se alinhar com a carteira no ar, ao mesmo tempo em que levaria em consideração as pessoas e objetos ao seu redor.

Parabéns. Essa já é uma boa quantidade de Kung Fu que você possui.

Meu objetivo ao escrever este livro é ampliar seu conhecimento sobre o Kung Fu, dando a você a oportunidade de aprimorar e melhorar as habilidades naturais que já tem, ao mesmo tempo em que abre a porta para novas ideias e técnicas.

Esse conhecimento não apenas o servirá em um cenário básico de autodefesa, mas também em suas interações diárias com sua família, amigos, colegas de trabalho e até mesmo com estranhos que você encontra na rua.

A cultura chinesa valoriza profundamente as pessoas que possuem um bom Kung Fu. No entanto, essa valorização se aplica mais àqueles que demonstram uma gestão eficiente de suas vidas e relacionamentos, tratando os outros com respeito, do que exclusivamente à habilidade em combate.

Existem várias centenas de estilos e sistemas de Kung Fu. Minha especialidade é um sistema conhecido como Wing Chun Kung Fu, que é o mais popular do mundo hoje, praticado por quase três milhões de pessoas.

A lenda diz que o Wing Chun é a única arte marcial inventada por uma mulher (Ng Mui, uma monja do Templo Shaolin)[1]. Por isso, ele baseia-se mais em princípios físicos como distância, equilíbrio e angulação do que em força bruta. É um sistema que prega a simplicidade e a eficiência direta por meio do uso da Teoria da Linha Central, percorrendo a distância mais curta entre dois pontos.

Essa eficiência resultante me permitiu desempenhar múltiplas funções com sucesso em minha vida agitada como si fu, filho, marido, pai de dois meninos e membro responsável da minha comunidade. Estou confiante de que um entendimento mais profundo do Kung Fu também trará benefícios significativos para sua vida.

Claro, meu Kung Fu não será o mesmo que o seu. Por quê? Esta é uma arte individual, que varia de praticante para praticante, dependendo de sua personalidade, atributos e características físicas.

Meu pai era um grande defensor de permitir que seus alunos encontrassem seu próprio Kung Fu, e eu acredito no mesmo.

Junto com o premiado autor Paul Volponi, um praticante de longa data de Wing Chun e meu discípulo, apresentarei a você os conceitos fundamentais dessa arte. Inclusive, ao longo de nossos capítulos, Volponi compartilhará seus pensamentos e perspectivas, relacionando o Kung Fu tanto com suas experiências pessoais quanto com nossas vidas diárias, nas seções intituladas *Perspectiva de Paul.*

Esses conceitos, aplicados tanto à autodefesa quanto aos desafios diários, serão acompanhados por relatos pessoais e exemplos de vida fornecidos por mim e por uma ampla gama de colaboradores de grande valor, tudo em um esforço para aproximá-lo de uma vida melhorada pelo Kung Fu.

Naturalmente, examinaremos aspectos da cultura chinesa que deram origem à arte e a influenciam profundamente.

Ao longo dos capítulos, que contêm desenhos simples meus para ilustrar certos conceitos, também direcionarei você a 20 vídeos do

1 Ng Mui foi a si fu da Fundadora do Wing Chun Kung Fu, Yim Wing Chun.

YouTube que criei especialmente para os leitores deste livro, permitindo que você visualize muitas das técnicas e formas discutidas.

Meu objetivo com este livro não é ensinar você a lutar, embora eu acredite que você aprenderá técnicas que poderão protegê-lo de situações potencialmente negativas e às vezes perigosas que todos encontraremos de vez em quando.

O Wing Chun é uma arte marcial autorregulável. Isso significa que, à medida que você avança em seu conhecimento do sistema, começará a fazer ajustes sutis para melhorar seu Kung Fu.

Em essência, você acabará assumindo o papel de ser seu próprio si fu. Afinal, quem entende sua jornada melhor do que você?

Mas, por enquanto, eu aprecio o papel de ser seu professor, e você pode se referir a mim como Si Fu William.

Meu pai, o Patriarca Moy Yat, me disse uma vez que "o Kung Fu entra em seus ossos e reflete em tudo o que você faz". Ao longo dos anos, descobri que essa afirmação é notavelmente verdadeira. Espero que, um dia, você também experimente esse tipo de conexão com a arte. E que você realmente aprenda a viver sua vida como um mestre de Kung Fu.

Nota: Embora minha linhagem específica de Kung Fu se refira à arte como «Ving Tsun», ao longo deste texto usarei terminologia mais comumente aceita «Wing Chun», para não confundir os que estão chegando agora[2].

2 A transliteração oficial do nome da arte 詠春 foi estabelecida em 1967 pelo Patriarca Ip Man, por ocasião da fundação da Hong Kong Ving Tsun Athletic Association, a primeira entidade de Kung Fu oficialmente reconhecida. No entanto, no mesmo ano, a revista americana Black Belt publicou o primeiro artigo sobre a arte, referindo-se a ela como "Wing Chun". Essa grafia tornou-se amplamente conhecida e permanece como a forma de transliteração mais utilizada até os dias de hoje.

CAPÍTULO 1

A ROTA MAIS CURTA (TEORIA DA LINHA CENTRAL)

"A menor distância entre dois pontos é uma linha reta."
— Arquimedes, matemático e físico grego

Todos nós temos coisas que consideramos centrais em nossas vidas — família, amigos, nosso lar, nossa profissão, paixões e crenças. Por serem tão importantes para nós, cuidadosamente as nutrimos e diligentemente as protegemos. De maneira similar, os praticantes de Kung Fu protegem fisicamente seu centro com o mesmo fervor.

Atributos Físicos

Na arte do *Wing Chun Kung Fu*, consideramos nossa Linha Central como nosso bem mais valioso. Claramente, a maioria de nossos órgãos vitais está posicionada ali, assim como os de nosso oponente. É por isso que damos tanta ênfase em simultaneamente defender nossa Linha Central enquanto também a usamos para atacar o centro do oponente. Simultaneamente? Sim, porque nosso ataque na verdade ocupa a Linha Central, proporcionando uma defesa substancial também.

Exatamente como definimos a Linha Central? É uma linha imaginária traçada verticalmente pelo centro do corpo, conectando os olhos, nariz, garganta, abdômen, virilha e joelhos. Posicionamos nossas mãos uma atrás da outra (uma à frente, outra atrás) sobre a Linha Central, com elas estendidas à nossa frente e os cotovelos protegendo nosso corpo. É uma posição básica de "guarda" que chamamos de Jong Sau.

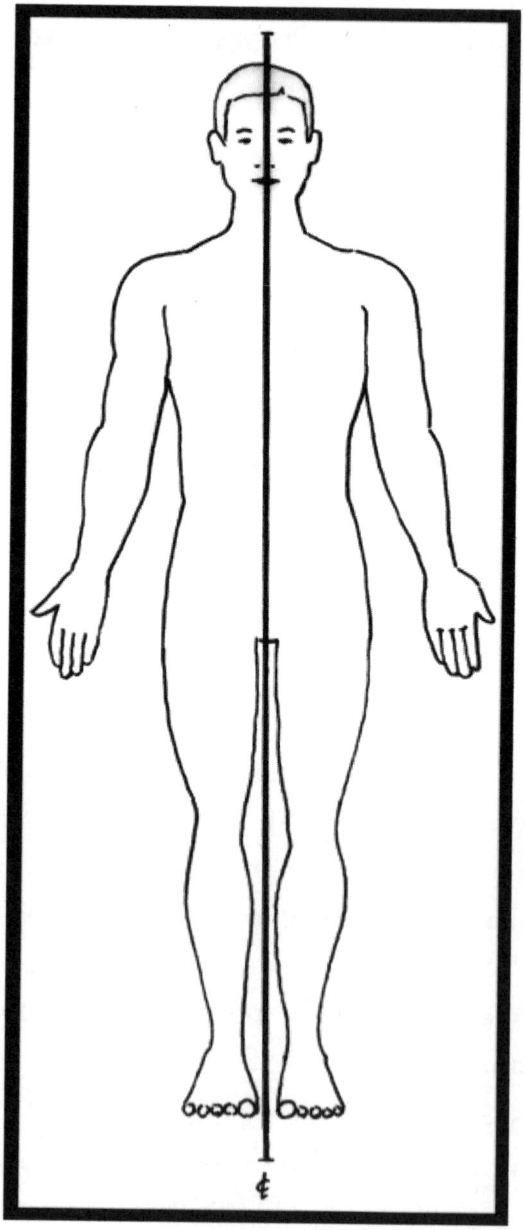

Linha Central

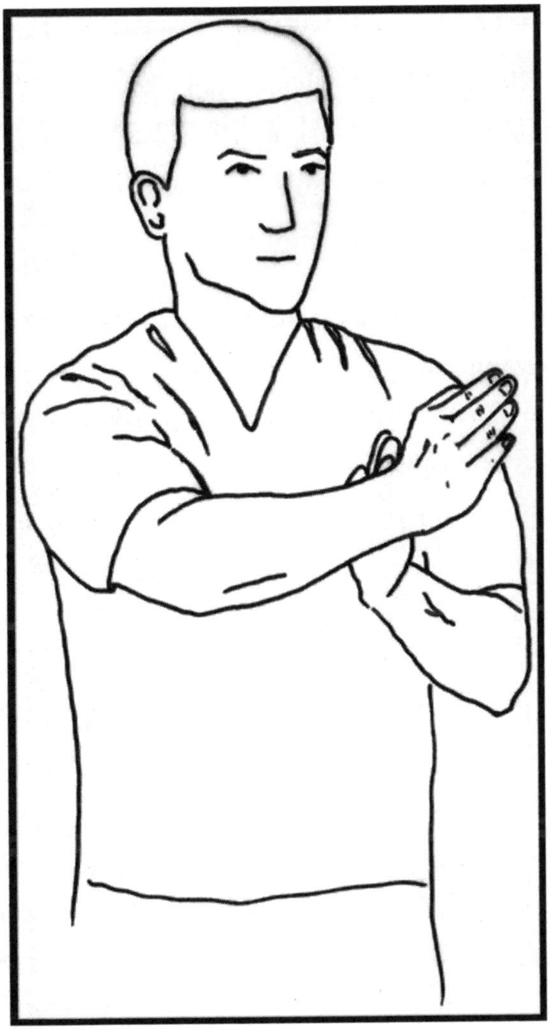

Jong Sau

Em uma fração de segundo, entretanto, nossa guarda pode se transformar em um ataque. Mãos abertas podem se tornar punhos, girando uma sobre a outra como pistões poderosos desferindo golpes, com nenhuma das mãos jamais deixando a Linha Central. O soco reto (Yat Ji Jung Choei) possui uma entrega extremamente rápida — tanto que múltiplos golpes podem aparentemente se misturar em um único golpe incessante.

Para uma demonstração visual, acesse o QR Code e assista o vídeo 1 **William Moy: Encadeamento de Socos**

Naturalmente, há outro aspecto importante sobre porque a Linha Central é tão valorizada. Qualquer matemático ou engenheiro lhe assegurará que a menor distância entre dois pontos é uma linha reta (basta perguntar a Arquimedes).

É por isso que desferimos nossos golpes pelo centro. Se pudermos chegar ao nosso destino-alvo uma fração de segundo antes de um soco direcionado a nós que seja em forma de gancho ou faça uma curva (portanto, percorrendo uma distância maior), podemos interromper o ataque do oponente, frequentemente neutralizando completamente sua força no meio do soco enquanto também afetamos negativamente seu equilíbrio.

Uma das manobras clássicas nos anais da guerra militar é a penetração no centro da força oposta. Isso é realizado explorando uma lacuna natural ou criando uma na linha de defesa da oposição, permitindo um golpe direto no centro de sua base de comando.

Comparativamente, um praticante de Kung Fu pode criar uma abertura na guarda do oponente separando e então controlando seus membros para atacar com sucesso ao longo da Linha Central.

(Da Minha Vida) Indiretamente Direto

Meu pai me mostrou como encontrar a Linha Central em duas das principais atividades da minha vida — Kung Fu e arte. Quando criança, eu observava meu pai pintar e desenhar. Ficava fascinado pelo processo de criar algo do nada, especialmente algo bonito.

Eu era o filho do meio de três, com uma irmã mais velha e uma mais nova me ladeando. Mas daquele trio de crianças, a necessidade de expressão artística ardia dentro de mim com mais força.

Lembro-me de pegar papel e trabalhar ao lado de meu pai, desenhando coisas como paisagens rudimentares, pássaros e árvores. Nenhum dos meus pais jamais me pressionou a participar. Em vez disso, veio naturalmente para mim, com meu pai simplesmente me mostrando o caminho pelo exemplo.

Eu provavelmente tinha seis anos quando ele primeiro me entregou uma folha de papel de arroz para trabalhar. Mesmo naquela época, eu entendia que esse papel era caro e não deveria ser desperdiçado. Foi incrivelmente gratificante meu pai ter esse tipo de respeito e confiança em minha habilidade nascente como artista.

Vir para o Kung Fu, no entanto, foi um empreendimento bastante diferente. E minha jornada teve várias pequenas curvas. Na ausência de uma babá disponível, eu frequentemente acompanhava meu pai à sua escola de Kung Fu. Mas, dada a escolha, eu preferia estar com meus amigos, jogando futebol americano sem contato (*touch football*), basquete ou hóquei de rua com patins. Era uma decisão fácil para mim. Afinal, a escola era principalmente preenchida com homens e mulheres suados em seus vinte e poucos anos ou mais. Não exatamente um paraíso de bons momentos para um garoto de oito anos.

Então conheci Rex[3], que foi o primeiro aluno americano do meu pai a abrir uma escola filial carregando o nome Moy Yat e o emblema da flor de ameixa. Rex já havia se mudado para Tallahassee, Flórida, para começar tanto uma família quanto uma escola de Kung Fu. Mas ele vinha a Nova York a cada seis meses mais ou menos para continuar seu treinamento com meu pai. E sempre que fazia isso, meu pai convidava Rex para ficar em nosso apartamento. Nessas visitas, Rex assumiu o papel do irmão mais velho que eu nunca tive. Eu o admirava, e ele decidiu me ensinar um pouco de Kung Fu, apenas uma pequena dose.

3 O autor está se referindo ao Si Fu Rex Aperauch, cujo nome kung fu é Moy Wo Tin.

Naquele verão, Rex me convidou para ir até a Flórida ficar com sua família e conhecer seus dois filhos. Fiquei animado para ir e meus pais me permitiram voar sozinho para Tallahassee. Lembro que minha mãe estava realmente ansiosa com minha viagem. Mas meu pai disse: "Viajar sozinho vai ajudá-lo a amadurecer."

Tive ótimos momentos na Flórida. Vindo de Nova York, Tallahassee parecia um lugar selvagem para mim. Fui pescar com os filhos de Rex, nadei em um lago e brinquei no campo. Rex também nos levou à sua escola de Kung Fu e me apresentou a seus alunos como o filho do Patriarca Moy Yat.

Durante toda aquela tarde, aqueles adolescentes e adultos vinham até mim, fazendo perguntas sobre Kung Fu e como era ser filho de um grande mestre. Pela primeira vez, fiquei envergonhado por saber tão pouco da arte.

Quando a viagem terminou e voltei para casa, uma das primeiras coisas que disse ao meu pai foi que queria frequentar sua aula regularmente e começar a realmente aprender Kung Fu. Lembro-me do meu pai assentindo com a cabeça, dando-me um sorriso satisfeito em resposta.

E quando olho para trás em minha memória daquele sorriso hoje, como pai com filhos próprios, cheguei a acreditar que permitir que eu fizesse aquela viagem foi a maneira do meu pai de proporcionar um caminho direto para o que se tornaria outra verdadeira paixão minha.

"No centro do seu ser, você tem a resposta. Você sabe quem é e sabe o que quer."

— Lao Tzu, filósofo chinês

Direto e Verdadeiro?

O GPS em nosso carro e telefone consistentemente nos oferece a rota mais curta entre um ponto de partida e um destino. Ele até levará em conta estradas com pedágio e pontes, deixando-nos escolher entre a rota mais curta em distância/tempo e a rota mais econômica em termos de custos.

No entanto, em nossas relações diárias com os outros — amigos, família, parceiros, colegas de trabalho — devemos servir como nosso próprio GPS interno, escolhendo qual rota tomar em nossos muitos e variados relacionamentos. Seremos diretos ao ponto com os outros, ou não? E o que um desvio na franqueza acabará nos custando em termos de tempo e confiança?

Transferir a Teoria da Linha Central do Kung Fu para nossas comunicações e relacionamentos pode proporcionar mais clareza e, a longo prazo, dar aos nossos relacionamentos uma base mais forte e estável. Como? Frequentemente sombreamos nossos verdadeiros sentimentos, pensamentos e opiniões, especialmente ao lidar com alguém que não vê uma situação específica da mesma maneira que nós. Podemos estar nublando as coisas por educação, tentando não ferir os sentimentos de alguém. Ou talvez sejamos nós que desejamos uma conexão com um grupo ou indivíduo, e acreditamos que nossa diferença de opinião causará atrito e, talvez, rejeição.

Pode levar semanas, meses ou tristemente até anos para a verdade entre as pessoas finalmente vir à tona, proporcionando uma compreensão mais clara um do outro. Dar voltas sobre seus verdadeiros sentimentos raramente é uma boa ideia, sendo a palavra relacionada ao Kung Fu menos que ideal sendo "em volta". Em vez disso, tente ir direto ao ponto com os outros desde o início.

Embora a conversa inicial possa ser desconfortável, o resultado final provavelmente será menos esforço desperdiçado e frustração.

A má comunicação pode ser um obstáculo muito maior para construir um bom relacionamento do que expressar a verdade.

(Kung Fu Natural) Aprendendo e Ensinando com um Propósito

Considere o Jogo da Velha. Desde muito jovens, aprendemos que tomar o quadrado central como nosso primeiro movimento deixa o jogador oponente com mais oportunidades de cometer um erro, permitindo-nos aumentar a probabilidade de emergir vitoriosos.

Conforme avançamos em nossa capacidade de estratégia, começamos a jogar xadrez e rapidamente percebemos que controlar o centro do tabuleiro com nossos peões é fundamental. Existe um axioma no xadrez que afirma: "Controlar o centro é controlar o jogo."

Por quase duas décadas, o treinador (coach) de xadrez Russ Makofsky tem ensinado alunos de escolas públicas de Nova York sobre o valor do xadrez e o que seu domínio pode trazer para suas vidas futuras.

"O xadrez é como a vida," disse Coach Russ. "É um jogo de imóveis e você quer controlar seu bairro mais valorizado — o centro do tabuleiro — porque isso acabará colocando você no caminho do sucesso. A maioria das aberturas estabelecidas do jogo se concentra nessa teoria."

Controlar aqueles quadrados centrais vitalmente importantes melhora tanto seu ataque quanto sua defesa, dando às suas peças mais espaço para manobrar, portanto criando mais oportunidades e opções ao longo do caminho.

Você também pode realocar suas peças mais rapidamente através do centro do tabuleiro, facilitando manobras mais rápidas e fáceis de defesa e ataque para qualquer lado. Soa muito como Kung Fu, especialmente na noção de que ocupar o centro pode restringir os movimentos do seu oponente.

"Ensino meus alunos o ditado '*a knight on the rim is dim*' [4]. Entenda isso, um cavalo preso no canto pode controlar apenas dois quadrados, e essa mesma peça posicionada na lateral, quatro quadrados. Mas um cavalo no centro do tabuleiro pode realmente controlar oito quadrados," observou Coach Russ.

"Através do estudo do xadrez, estamos tentando criar um ambiente que fomente a busca pela excelência."

Coach Russ também é apaixonado por seu trabalho com uma organização chamada The Gift of Chess. O objetivo da organização é eventualmente doar um milhão de tabuleiros de xadrez em todo o mundo.

"Tantas pessoas jogam via computador agora. Estamos tentando unir bairros incentivando as pessoas a jogarem cara a cara em parques e outros espaços, para se conhecerem e aprenderem umas sobre as outras," disse Coach Russ.

4 A expressão "*a knight on the rim is dim*" é um ditado do xadrez que significa que um cavalo posicionado na borda do tabuleiro tem pouca mobilidade e influência no jogo. O jogo de palavras ocorre porque "rim" (borda) rima com "dim" (fraco, apagado, limitado).

Perspectiva de Paul: Fazendo Toda a Diferença

Em minha longa carreira como escritor e educador, frequentemente tive o prazer de discutir o magistral poema narrativo de Robert Frost, "The Road Not Taken" ("A Estrada Não Percorrida"). Para aqueles que possam precisar de uma rápida recordação, o poema começa famosamente com os versos:

Two roads diverged in a yellow wood,
And sorry I could not travel both
And be one traveler..."

("Duas estradas divergiam em um bosque dourado,
E lamento não poder seguir ambas
E ser um só viajante...")

O narrador está parado na encruzilhada, uma bifurcação na estrada, presumivelmente sendo apresentado com uma escolha de ir para a direita ou para a esquerda. Suponho que pelo menos uma vez em uma aula de inglês em algum lugar um aluno se levantou e disse: "Sabe, acho que o Sr. Frost poderia usar uma boa lição de eficiência. Ele não nos deu a oportunidade de continuar reto pelo centro, para chegar ao nosso destino mais rapidamente."

Não sei o que o professor responsável por aquela turma teria dito em resposta a um aluno tão perpicaz. Talvez elogios. Talvez um olhar de desaprovação ou divertido antes de chamar a próxima mão a ser levantada. Mas estou bastante confiante de que aquele aluno em particular, que já vê o valor de uma jornada em linha reta, apreciaria uma introdução mais detalhada ao Kung Fu.

Então, se você conhece tal aluno, seja ele pré-adolescente, adolescente ou adulto com filhos próprios, passe este livro adiante quando terminar de ler. Afinal, isso poderia possivelmente se tornar parte de fazer toda a diferença em sua vida, como muitos livros têm o poder de fazer.

Aplicações na Vida

- Você decide pegar o ônibus local em vez do expresso, que de fato faz várias paradas a menos. Mas diferentemente do local, o ônibus expresso desvia cerca de seis quarteirões ao sul de seu destino pretendido.
- Num jogo de beisebol, um receptor agachado atrás da base principal (*home plate*) mantém um olho atento no corredor na primeira base, sabendo que esse corredor provavelmente tentará roubar a segunda base. Então o receptor dá ao arremessador um sinal para lançar uma bola rápida em vez de uma curva, percebendo que o arremesso mais reto sem uma curva chegará ao *home plate* mais rapidamente, proporcionando ao receptor uma melhor oportunidade de frustrar o potencial roubo.
- No início de um exame com questões de diferentes pesos, você decide ir diretamente para a seção final onde os problemas valem três vezes mais pontos, para se prevenir contra a falta de tempo.
- Você assiste a um show dentro de um teatro que tem lugares de livre escolha, podendo escolher qualquer assento disponível. Você decide sentar-se no corredor central. Por quê? Não só a parte mais importante do show sem dúvida

acontecerá no centro do palco, onde você deve ter uma visão perfeitamente alinhada, mas em uma emergência você pode acessar rapidamente o corredor, proporcionando uma jornada em linha reta até a saída apropriada.

"A natureza é uma esfera infinita da qual o centro está em toda parte e a circunferência em lugar nenhum."

— Blaise Pascal, matemático e físico francês

O Templo Shaolin e o Kung Fu

O Kung Fu tem uma história que remonta a séculos, mesmo que suas raízes transplantadas nos Estados Unidos tenham apenas algumas décadas. Muitos estilos e sistemas de Kung Fu — há mais de 400 deles — podem remontar sua linhagem até o Templo Shaolin, localizado nas montanhas da província de Henan, no norte da China.

O lendário templo é reconhecido como tanto o berço do Budismo Chan quanto o berço do Kung Fu. É onde os monges de Shaolin se dedicaram ao estudo e domínio das artes marciais em devoção ao Buda.

Já no século VI, há registros de monges Shaolin usando suas habilidades marciais para defender o Templo na luta contra bandidos que pretendiam invadir seus terrenos.

Embora essas habilidades marciais tenham sido ensinadas por muito tempo em segredo por trás de portas fechadas, outras formas de cultura, como a ópera chinesa, reconheceram essas artes através de enredos, celebrando abertamente sua existência.

O século XX, no entanto, trouxe uma mudança na acessibilidade das Artes Marciais Chinesas para um público significativamente mais amplo, à medida que eram promovidas pelo governo como uma forma de orgulho nacional.

Com a chegada ao poder do Partido Comunista Chinês, que proclamou a República Popular da China em 1949, muitos mestres de artes marciais escaparam do governo comunista, imigrando para Hong Kong, outros países asiáticos e o Ocidente.

Esta nova onda de mestres começou a ensinar artes tradicionais para alunos não-chineses e os muitos benefícios do Kung Fu acabaram conquistando um lugar nos corações de praticantes diversos ao redor do mundo.

CAPÍTULO 2

A LINGUAGEM DO KUNG FU

"Aprender outra língua não é apenas aprender palavras diferentes para as mesmas coisas, mas aprender outra maneira de pensar sobre as coisas."

— Flora Lewis, jornalista premiada

A comunicação é nossa ferramenta mais vital para navegar no mundo ao nosso redor, seja a palavra falada, nossa linguagem corporal geral, ou um olhar claramente definido, conectando nossos pensamentos aos outros.

Atributos Físicos

Comunicar o Kung Fu pode ocorrer de diversas formas. Naturalmente, a arte tem sua própria linguagem, seu glossário de termos, a maioria dos quais encontra suas raízes no cantonês[5]. Este é um ponto de referência importante para praticantes em todo o mundo compararem e contrastarem ideias e teorias sobre a arte.

Também é a melhor maneira para um si fu fundamentar seus alunos no básico, para que possam se comunicar efetivamente com seu professor e colegas. Mas a linguagem do Kung Fu não se limita a uma lista de vocabulário. A arte também pode ser comunicada através da linguagem corporal do praticante.

Por exemplo, se um praticante de Kung Fu for abordado na rua por um estranho, você pode encontrar suas mãos repentinamente alinhadas mantidas ligeiramente à sua frente ocupando a linha

5 O cantonês é tratado como um dialeto da língua chinesa, falada principalmente da província de Guangdong, local onde o Wing Chun sofreu grande desenvolvimento.

central de uma maneira muito relaxada. Talvez apenas outro praticante da arte reconheceria isso como uma sutil posição de guarda ou segurança. No entanto, se aquele estranho na rua abordasse o mesmo praticante de uma maneira agressiva e exagerada, a resposta falada seria quase certamente muito diferente.

Você não veria nada sutil na clássica posição Jong Sau, que pode parecer bastante ameaçadora, onde ambos os braços podem ser totalmente estendidos com as mãos em posição de faca.

Mãos em Posição de Faca

Em muitas escolas de artes marciais, faixas são usadas para identificar a graduação de um aluno, variando de faixas brancas para iniciantes, até faixas pretas, frequentemente subdivididas por listras, para distinguir os praticantes mais experientes.

Nem eu nem meu pai, no entanto, jamais vimos a necessidade de nossos alunos serem designados desta maneira. No lugar das faixas, usávamos três camisas de cores distintas: branca, verde e vermelha. Essas camisas serviam principalmente para que outros alunos soubessem em quais exercícios seus colegas estavam trabalhando, sempre que se juntavam em pares para treinar. Isso economizava tempo, eliminando muitas conversas repetitivas.

Mas na realidade, não demoraria muito para um praticante, provavelmente não mais que alguns segundos, entender o nível de habilidade de seu parceiro. Ao colocar suas mãos nas mãos de um de seus colegas e começar a "jogar" Kung Fu (usamos o termo jogar[6] para separar o treinamento do combate ou luta, e para enfatizar a alegria neste tipo de comunicação um-a-um), você ouve a linguagem que eles estão falando através de suas ações e respostas, tensão e relaxamento, e entende onde eles estão no aprendizado do sistema. Isso é falar a linguagem do Kung Fu em seu melhor. E é frequentemente referido como "mãos que falam"[7].

Um Trio de Técnicas

Vou apresentar a você um trio de termos-chave do Kung Fu que descrevem técnicas fundamentais com as quais todo iniciante precisa se familiarizar. Elas são Taan Sau, Fuk Sau e Bong Sau.

6 O termo em inglês é "play" que possivelmente é uma tradução do verbo Wan 玩 que, em chinês, é usado não apenas para jogos, mas também para atividades que envolvem exploração, aprendizado e experimentação lúdica. No contexto do Kung Fu, ele pode indicar uma prática interativa, fluida e intuitiva, diferente do treinamento rígido ou do combate.

7 O autor está se referindo ao termo Gong Sau 講手, literalmente "mãos que falam", sugerindo a ideia de que, no Kung Fu, a comunicação não ocorre apenas verbalmente, mas também através dos movimentos e sensibilidade nas técnicas.

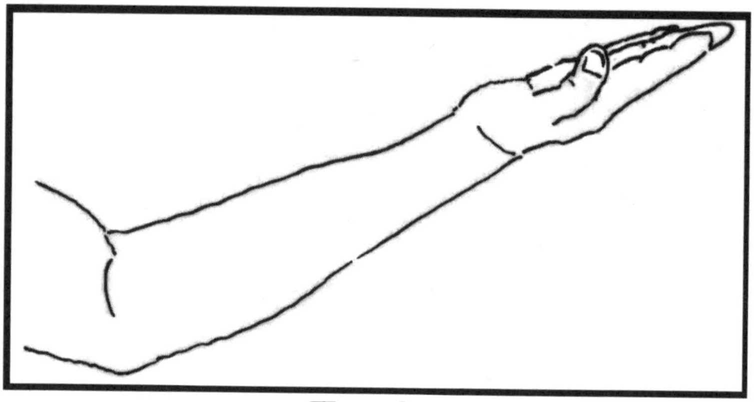

Taan Sau

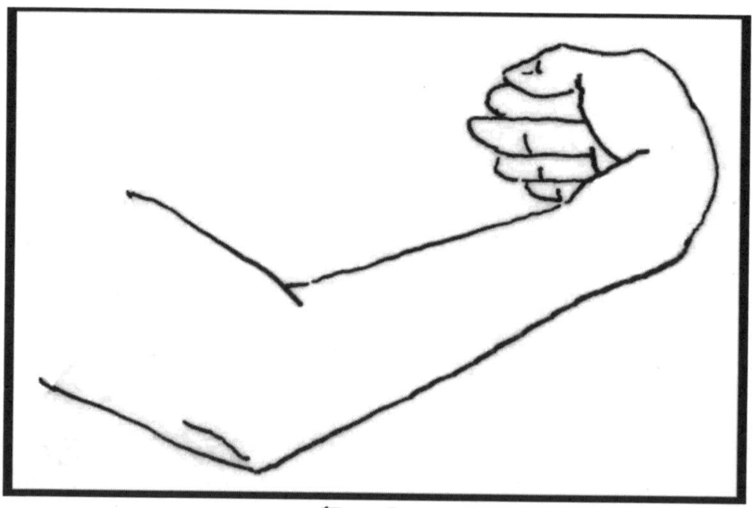

Fuk Sau

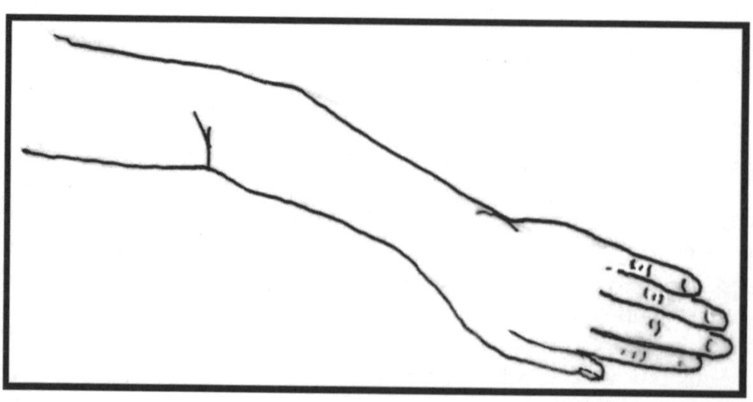

Bong Sau

Taan Sau: A mão está totalmente supinada, com a palma voltada para cima e os dedos apontando para o que seria a área do nível da garganta do oponente. O braço é colocado na frente do esterno do praticante com o cotovelo ancorado aproximadamente a uma distância de um punho e meio do corpo, e posicionado na linha central imaginária. Esta técnica é superior para facilitar o movimento para fora/para cima com a energia fluindo na direção das pontas dos dedos.

Fuk Sau: A mão está pronada com a palma voltada para baixo ou para dentro. Novamente, o braço é colocado na frente do esterno do praticante com o cotovelo ancorado aproximadamente a uma distância de um punho e meio do corpo, e posicionado na linha central imaginária. Esta técnica é usada para gerar movimento para dentro ou para baixo. É frequentemente usada para controlar, bloquear ou cobrir golpes direcionados abaixo da área da cabeça.

Bong Sau: Com seu pulso na linha central imaginária e sua mão voltada para o queixo do oponente, o cotovelo, que está ligeiramente acima do pulso, está levantado e nivelado com seu ombro. Muito se assemelha à asa quebrada de um pássaro, e é a "mão-asa" do Wing Chun Kung Fu. Esta técnica é projetada para facilitar o movimento para cima e para fora. É usada para desviar ataques diretos, tendo uma capacidade secundária de criar aberturas.

Verificando a Si Mesmo

Na ausência física do si fu, ou mesmo de um espelho, você ainda pode verificar se está executando essas três técnicas corretamente. Como? Comece com um Taan Sau. Se posicionado corretamente, você pode mudar para um Fuk Sau ou Bong Sau sem mudar a posição ocupada pelo pulso. Desde que o pulso esteja na linha central e o cotovelo esteja correto, você está bem. Todas as três técnicas podem ser verificadas dessa maneira, transformando-se fácil e rapidamente de uma para outra.

Para uma demonstração visual, acesse o QR Code e assista o vídeo 2 **William Moy: Taan Sau, Fuk Sau e Bong Sau**

Uma Percepção do Cantonês

Você provavelmente notou que todas as três técnicas que apresentei terminam com a palavra *sau*, que significa "mão" em cantonês. Taan Sau se traduz como a mão que recebe ou dispersa. Fuk Sau se traduz como a mão que pode domar uma força que se aproxima. Bong Sau se traduz como uma mão arqueada como asa, descrevendo perfeitamente sua estrutura.

Tradicionalmente, durante os aquecimentos para nossas aulas de Kung Fu, os alunos contam suas repetições de exercícios, como séries de socos e chutes, usando os números de um a oito em cantonês. Os números se traduzem como yat (um), yi (dois), saam (três), sei (quatro), ng (cinco), luk (seis), jaat (sete) e baat (oito). É uma ótima maneira de praticar a língua e fazer com que ela se torne natural.

(Da Minha Vida) Apenas Como Você Pode

Depois de imigrar para os EUA, meu pai fazia viagens anuais de volta a Hong Kong para visitar família e amigos. Isso incluía tempo gasto com sua família Kung Fu também. Nesse aspecto, suas duas paradas mais importantes eram no túmulo de Ip Man - prestando respeito à pessoa que havia assumido o papel de seu pai no Kung Fu - e na associação atlética local[8] onde ele ajudou a fundar junto com seus colegas.

8 A Hong Kong Ving Tsun Athletic Association foi fundada em 1967 sob a orientação do Patriarca Ip Man.

Ao retornar de uma viagem em particular, lembro-me do meu pai recontando a história de encontrar um de seus colegas que havia se tornado um si fu, ensinando um grande número de alunos locais. Gabando-se um pouco sobre um de seus alunos, aquele si fu disse ao meu pai para ficar de olho em alguém praticando a primeira forma da arte, Siu Nim Tau (o capítulo seguinte deste texto se concentra em sua importância) com uma elegante e exagerada virada de mão. Isso despertou a memória do meu pai, lembrando que este havia sido o movimento característico de seu colega ao fazer essa forma.

Graciosamente, meu pai disse que iria estar atento a tal aluno e o trataria como seu próprio. Mas no fundo de sua mente, ele discordava totalmente da premissa de passar adiante tal assinatura. E isso tinha a ver com a necessidade de cada aluno falar a linguagem, ou neste caso, a linguagem corporal do Kung Fu, usando sua própria voz natural.

Meu pai acreditava firmemente que havia, na realidade, dois sistemas distintos de Kung Fu. O primeiro sistema é aquele que permaneceu virtualmente inalterado por gerações. Isso consistiria na ordem de formas, exercícios e técnicas que os professores usam para introduzir, desenvolver e finalmente refinar os talentos de seus alunos. O segundo sistema, no entanto, é menos formal e muito mais pessoal. Esse se reflete em como o Kung Fu parece e se sente em sua aplicação por cada praticante individual. Esses movimentos serão substancialmente influenciados pela constituição física e mental do aluno. Copiar os outros rigidamente, sem nenhuma variação, não é um caminho para desenvolver bom Kung Fu, mesmo que a pessoa a ser copiada seja seu próprio si fu.

Por exemplo, Ip Man, por causa de sua pequena estatura, executava seu Taan Sau bastante alto. Mas meu pai, que tinha mais de 1,80m de altura, não precisava fazer isso. Apesar de aprender com uma lenda das artes marciais, meu pai nunca tentou imitar como seu si fu executava essa técnica. Isso porque teria sido um erro, resultando em uma técnica que se mostraria menos eficaz. Em vez disso, meu pai falava a linguagem do Kung Fu como ela naturalmente fluía dele, e de ninguém mais. Isso é algo que reconheci em mim mesmo, desenvolvendo meu próprio Kung Fu, já que meu pai era ligeiramente mais alto e mais magro que eu.

E como meu aluno, passo alegremente esta história e sua lição para você: Seja um verdadeiro reflexo de si mesmo em todas as suas comunicações com os outros.

"A linguagem exerce um poder oculto, como a lua sobre as marés."
— Rita Mae Brown, romancista e ativista dos direitos civis

Múltiplas Vozes do Kung Fu

Todos nós temos experiência em nos comunicar com outros usando nossos olhos e expressões faciais para transmitir nossos sentimentos imediatos. Frequentemente, um olhar severo ou desapontado na direção de crianças ou irmãos mais novos pode substituir uma palestra verbosa que eles podem já ter ouvido muitas vezes. Esse mesmo tipo de expressão silenciosa também pode deixar claro para um estranho com quem nos tornamos cautelosos que estamos confiantes em nossa capacidade de nos defender. A postura também pode ser um importante fator para transmitir essa mensagem. Mantenha-se sempre ereto e confiante, mesmo sob a sombra da incerteza.

Talvez você tenha escolhido não fazer contato visual direto com alguém na rua que parece pronto para explodir ao menor encontro pessoal. Isso é na verdade um bom pedaço de Kung Fu natural de sua parte, algo que você provavelmente aperfeiçoou através de experiências passadas. Mas embora um praticante experiente de Kung Fu possa evitar travar olhares com tal pessoa, eles nunca se esquivariam de continuar captando o quadro completo, e observando cada movimento dessa pessoa de maneira sutil. Você nunca quer estar cego para um cenário que se desenrola. Desviar o olhar, especialmente por medo, durante um encontro potencial pode custar um tempo valioso e espaço estratégico em sua resposta, caso seu espaço pessoal seja violado antes que você possa reagir. Praticantes de Kung Fu se esforçam para nunca renunciar o controle de suas circunstâncias ou arredores a um oponente.

Os praticantes de Kung Fu se esforçam para nunca abrir mão do controle de sua situação ou do ambiente ao seu redor para um oponente. Em vez disso, lidamos com o conflito em nossos próprios termos, confiando em nosso Kung Fu para nos colocar na posição ideal, tanto para enfrentar quanto para evitar tais situações.

Frequentemente escolhemos usar nossas vozes reais em situações de autodefesa. Você pode falar calmamente com alguém que está mostrando sinais de que poderia se tornar uma ameaça. Essa é uma maneira de exercer um aspecto de controle, com você ditando o tom. Ou você pode decidir que uma situação exige uma voz retumbante, talvez até uma que use algumas palavras extremamente duras, para dissuadir alguém. Obviamente, sua personalidade terá influência sobre sua voz. Mas suas escolhas instantâneas serão em grande parte sobre seu Kung Fu — o que você está sentindo, interpretando e antecipando quando é que precisa se envolver.

(Kung Fu Natural) Linguagem e Nossos Cérebros

Ao aprender Kung Fu, você certamente começará a aprender os nomes de várias técnicas e conceitos inerentes à arte. Parabéns, você está a caminho de adquirir palavras básicas em cantonês. Trazer outra língua para sua vida pode influenciá-lo de muitas maneiras positivas. Por exemplo, pessoas que falam mais de uma língua frequentemente desenvolvem fortes habilidades cognitivas, tendem a ter uma visão mais aberta do mundo e são bem adequadas como multitarefas.

Ninguém está dizendo que aprender Kung Fu fará você se tornar bilíngue, porque certamente não fará. Mas seu cérebro exercitará seus músculos mentais para adquirir os termos e sua pronúncia correta. Então não seja o tipo de aluno que diz, eu usei o braço reto para fora com minha palma aberta plana. Em vez disso, chame a técnica por seu nome correto, Taan Sau.

A Professora Ellen Bialystok, uma renomada pesquisadora no campo da psicologia na Universidade York em Toronto, Canadá, foi gentil o suficiente para falar conosco sobre o assunto de adquirir linguagem: "Cada experiência única que você tem como humano muda algo sobre sua mente e cérebro. É inevitável. Então ninguém deveria se surpreender que as línguas que falamos, e a maneira como usamos a linguagem, também mudem nossa mente e cérebro. Afinal, usar a linguagem é o que fazemos com a maior parte de nossas horas acordados.

Se você é bilíngue, todas as línguas que você é capaz de falar estão simultaneamente ativas em seu cérebro. Isso cria uma situação onde deveríamos estar continuamente confusos e escolhendo as línguas erradas. Mas sabemos que bilíngues não cometem esses erros," disse a Professora Bialystok. "Isso porque o sistema em seu cérebro que é responsável pelo que você está prestando atenção começa a se desenvolver no minuto em que você nasce. Quem vai me alimentar? Me pegar no colo? Me dar um abraço? Desde o início, o sistema de atenção daqueles bebês sendo criados em um ambiente onde múltiplas línguas são faladas é diferente daqueles criados em um ambiente com apenas uma língua. Podemos medir e documentar essas diferenças. Então a experiência bilíngue pode mudar a maneira como seu cérebro interpreta as coisas através de toda sua vida."

Então, e quanto à ideia de aprender palavras e frases em outra língua mais tarde na vida através de um estudo particular, como aprender Kung Fu.

"Bem, isso não fará você se tornar bilíngue e não mudará seu cérebro. Mas o segredo para um envelhecimento cognitivo bem-sucedido é manter um alto nível de capacidade cognitiva. Permanecer ativo e engajado em coisas que mantêm sua mente e cérebro saudáveis. Em resumo, qualquer coisa que seja difícil para seu cérebro, é boa para seu cérebro," observou a Professora Bialystok.

Perspectiva de Paul: Uma Resposta Medida

Como professor de inglês do ensino médio, eu ensinei em muitos lugares onde você tem que estabelecer limites estritos, incluindo Rikers Island, a maior prisão de Nova York, e vários centros de reabilitação diurna de drogas. Ao longo dos anos, numerosos adolescentes ficaram com raiva de mim porque me recusei a deixá-los controlar qualquer sala de aula ou espaço em que eu estava encarregado. Fui ameaçado várias vezes, geralmente por alguém novo no ambiente, alguém sob intensa pressão, que ainda não tinha tido chance de construir um relacionamento comigo.

Com o tempo, desenvolvi uma resposta bastante equilibrada para essas ameaças repentinas, tipo vulcão. Com uma postura sólida, enquanto fazia contato visual completo com o adolescente, eu respondia: "Tente não me machucar, sou cara legal."

Na realidade, essas palavras eram um semidesafio lançado de volta para eles. Isso deixava claro para todos na sala que eu manteria minha posição. Mas era algo tão sutil que o adolescente enfurecido do outro lado poderia aceitar, e talvez até se convencer de que, de alguma forma, tinha saído vitorioso.

Esse tipo de resposta também deixava a porta aberta para eu me conectar melhor com eles mais tarde, frequentemente durante o mesmo período de aula após terem a chance de se acalmar e reavaliar seus arredores. Porque em ambientes como prisões e centros de reabilitação, se você expulsar de sua aula todos que já tiveram um momento ruim, logo estará lá sozinho e, portanto, totalmente inútil.

Aplicações na Vida

- Você é um bom cantor. Na noite de karaokê, você se levanta para apresentar uma música de uma de suas estrelas pop favoritas. É quando você chega a entender completamente que seu dom para o canto não inclui a capacidade de atingir as mesmas notas altas que seu ídolo do canto. Na caminhada de volta à sua mesa, você decide que na próxima vez que subir ao palco do karaokê, cantará de acordo com seus próprios pontos fortes, e não os de outra pessoa.

- Em uma reunião de negócios com muitas pessoas presentes, um de seus colegas de trabalho levanta a voz para você sobre uma questão na qual vocês têm opiniões diferentes. Em vez de levantar sua voz em resposta, você responde em um tom calmo e uniforme, adicionando uma pausa perceptível para efeito. Isso comunica a todos que você está descontente, mas não está prestes a baixar seus padrões em relação à adequação.

- Alguém te para na rua e obviamente precisa de ajuda. Essa pessoa fala apenas espanhol, mas você não. Você conhece algumas palavras em espanhol porque vive em uma comunidade onde um bom número de hispânicos reside. A falha na comunicação é incrivelmente frustrante tanto para você quanto para a pessoa necessitada. Então no dia seguinte, você decide começar a aprender mais espanhol.

- Você está sentado em uma mesa de jantar lotada com a família estendida durante um feriado. Alguém menciona o fato de que um casal ali em breve celebrará seu 40º aniversário de casamento. O interlocutor continua dizendo que mal pode esperar para celebrar com o casal. Só que essa celebração já está planejada, vindo na forma de uma festa surpresa. Você não tem certeza absoluta se o interlocutor sabe disso. Então você olha diretamente para ele, fazendo contato visual completo, enquanto junta firmemente seus lábios. Lendo sua linguagem corporal, o falante para por um instante e então muda de assunto.

"Nossa linguagem é o reflexo de nós mesmos. Uma linguagem é um reflexo exato do caráter e crescimento de seus falantes."

— César Chávez, líder trabalhista e ativista

Uma Tradição Majoritariamente Oral

Por séculos, a história das Artes Marciais Chinesas—seus sistemas, estilos, técnicas e linhagem—foi transmitida, quase exclusivamente, pela palavra falada. Isso inclui gerações após gerações de monges Shaolin, que não produziram manuais registrados e, em vez disso, passaram o conhecimento diretamente da voz e exemplo dos mestres para os ouvidos e olhos dos alunos praticantes.

A documentação escrita mais antiga do Wing Chun Kung Fu não chega até o século XIX. De fato, um axioma altamente valorizado da arte elogia esta apaixonada corrente humana responsável por assegurar suas raízes em futuro terreno fértil. Esse axioma é Wing Chun Chuen Jing Tung, e se traduz como "Wing Chun autenticamente transmitido".

O lendário Ip Man viu o mundo das artes marciais mudando e começou a investir tempo e esforço em suplementar a tradição oral. Antes de seu falecimento em 1972, Ip Man teve alunos filmando-o demonstrando várias das formas do Wing Chun. Ip Man também comissionou seu aluno, Moy Yat, para esculpir muitos dos axiomas da arte, referidos como kuen kuit, em selos ou carimbos, que poderiam ser usados para imprimir quando tintados. No cantonês original, estes axiomas se assemelham a uma curta canção/poema de verso único que rima, para que possam ser facilmente lembrados e propagados entre os alunos.

Abaixo está um exemplo desses axiomas, escolhidos por sua reflexão do material e ideias já apresentadas neste texto. Examinaremos outros nos próximos capítulos.

- Uma atitude e postura fortes dão vantagem sobre seu oponente.
- Tenha confiança e sua calma dominará a situação.
- Se você não treinar duro quando é jovem, não terá nada quando for velho.

CONVIDADO DE HONRA
Sammo Hung (Hong Kong, China)

Se, até agora, sua compreensão do Kung Fu veio do mundo do entretenimento, então você provavelmente foi influenciado pelo famoso ator, diretor, coreógrafo e artista marcial Sammo Hung (Hung Kam Bo), uma lenda viva na indústria cinematográfica chinesa. Aos 9 anos de idade, Hung se juntou à Escola de Ópera de Pequim, tornando-se o membro líder de seu grupo de performance adolescente, onde ele começaria uma amizade para toda a vida com um membro ainda mais jovem, que eventualmente assumiria o nome artístico Jackie Chan (Chan Kong Sang).

"Minha formação na Escola de Ópera de Pequim me deu uma grande base de habilidades acrobáticas e agilidade," disse Hung. "Não sou um mestre de Kung Fu que estudou uma forma particular de artes marciais. Sou um cineasta com um background muito diverso em artes marciais. Comecei como dublê enquanto ainda estava na escola, e me apaixonei por fazer filmes."

No início de sua carreira, no entanto, Si Fu Hung se tornou consciente de suas próprias limitações no que dizia respeito ao seu conhecimento das artes, e começou a se imergir no estudo.

"Percebi que o Kung Fu que eu conhecia era insuficiente para apoiar a criatividade que eu queria expressar na tela, então comecei a ~~gastar~~ dedicar mais tempo e esforço estudando diferentes formas de Kung Fu, aprimorando meu conhecimento. Aprender essas diferentes escolas e disciplinas de artes marciais me ajudou enormemente na coreografia de meus filmes de ação."

Qual era o principal objetivo de Hung em sua apresentação do Kung Fu para um público amplo?

"Eu queria que meu público saísse do cinema se sentindo feliz. Com sorte, eles achariam muitas das cenas de luta excitantes, apreciando as histórias e se relacionando com os personagens que ajudei a criar. Quando meus filmes entretêm as pessoas, eu também me sinto feliz."

De fato, Si Fu Sammo Hung tem muito orgulho em poder apresentar as Artes Marciais Chinesas, que ele considera ter grande valor, para pessoas em todo o mundo.

"Como muitos esportes diferentes, acredito que artes marciais são boas para todos os jovens aprenderem. É uma forma de exercício que fortalece tanto a mente quanto o corpo. Também ajuda a desenvolver qualidades essenciais nas pessoas como autoconfiança, autoconsciência e resistência," disse Hung. "E obviamente, não é apenas sobre lutar. Cada estilo tem uma teoria e filosofia por trás de seu ensino. Não é para ser uma arma, mas sim uma disciplina."

Agora em seus setenta anos, Sammo Hung participou de aproximadamente 130 filmes, incluindo a interpretação do Mestre Hung Chun Nam em Ip Man 2 (2010). E embora ele acredite firmemente que as artes marciais são destinadas a todos, ele é rápido em apontar que a jornada de cada indivíduo será diferente.

"Dependendo do seu esforço e da forma de artes marciais que você está aprendendo, haverá diferentes percepções e benefícios de sua exposição ao Kung Fu," observou Si Fu Hung. "Tudo se resume ao indivíduo, não à cultura."

CAPÍTULO 3

A PEQUENA IDEIA INICIAL (SIU NIM TAU)

"Uma ideia que é desenvolvida e colocada em ação é mais importante do que uma ideia que existe apenas como ideia."

— Buda, mestre espiritual e criador do budismo

Todas as jornadas começam em algum lugar. Entender o alfabeto sem dúvida veio depois que você podia se comunicar usando palavras. E é assim que será com sua introdução ao Siu Nim Tau, o alfabeto figurativo do Wing Chun. Esta forma será o seu ponto de partida para trazer a simplicidade do Kung Fu para todas as suas atividades diárias. Muitos praticantes da arte a executam todos os dias, continuamente se conectando e se concentrando através de tudo que ela tem a oferecer.

Atributos Físicos

Siu Nim Tau, frequentemente referido como "A Pequena Ideia Inicial", é mais do que apenas a forma de abertura do Wing Chun Kung Fu. Em certo sentido, também serve como o alfabeto da arte, introduzindo tanto o corpo quanto a mente às técnicas fundamentais, estruturas e movimentos que podem ser vistos como suas letras. Com o tempo, com prática e experiência, meu objetivo para você é usar sua crescente familiaridade com essas letras para logo construir palavras na forma de respostas do Kung Fu. Conforme sua habilidade e conhecimento aumentam, você eventualmente construirá frases inteiras.

Embora Siu Nim Tau seja o foco deste capítulo individual, na realidade, vários livros poderiam ser escritos sobre este tópico sozinho.

Então vou me ater aos seus fundamentos, como a forma pode melhorar seu Kung Fu e sua vida diária, entendendo que minhas palavras serão complementadas pelo vídeo do YouTube, onde eu estou executando o Siu Nim Tau. Para alunos que estão começando sua jornada no Kung Fu, realmente ver isso feito corretamente, junto com um comentário para acompanhar o visual, facilitará o processo de traduzir as descrições aqui para movimentos físicos.

> Para uma demonstração visual, acesse o QR Code e assista o vídeo 3 **William Moy: Siu Nim Tau**

A forma começa com o praticante assumindo uma postura chamada Yi Ji Kim Yeung Ma. Com os punhos (palmas para cima) mantidos horizontalmente e recolhidos, quase sob suas axilas, junte seus pés e joelhos. Então assente o peso do corpo, baixando seu centro de gravidade. Usando os calcanhares, gire os artelhos para fora aproximadamente 45 graus. Em seguida, gire os calcanhares para fora em aproximadamente 45 graus usando os artelhos como pontos de pivô. Ao fazer isso, você criou um triângulo formado pelos pés, pelos joelhos e pela parte inferior das pernas. Em cantonês, Yi significa dois, e o caractere alfabético para isso é uma linha mais curta correndo paralela acima de uma linha ligeiramente mais longa, espelhando o par de triângulos que você acabou de formar.

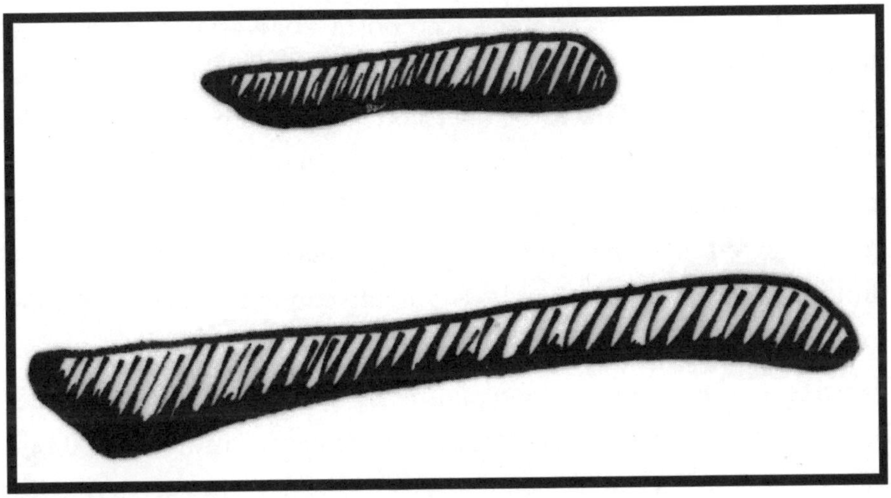

Caracter "Yi"

Encaixe sua pélvis sob sua coluna e agarre o chão com seus pés, enquanto aperta seus joelhos juntos e mantém a coluna reta, como se você estivesse montando um cavalo—o significado literal de Ma. O yeung pode significar "cabra", porque por gerações era assim que os fazendeiros chineses, que viviam em barcaças flutuantes, cercavam seu rebanho (cabras e carneiros) para a tosquia e outras tarefas, prendendo-os (kim) entre seus joelhos e parte inferior das pernas.

O resultado de executar a postura corretamente transformará figurativamente seu corpo em uma corda de arco que foi puxada para trás com uma flecha pronta para ser solta. Há tensão para frente em seu corpo inferior, que se não fosse por sua pélvis segurando você para trás, saltaria para frente. Como iniciante, até você desenvolver um cavalo forte, você pode até sentir tremores em suas pernas devido à tensão. Enquanto isso, seu corpo superior, como a mão do arqueiro, está relativamente relaxado.

É importante enfatizar que a postura Yi Ji Kim Yeung Ma é usada exclusivamente para propósitos de treinamento, nunca para lutar. Por quê? Embora construa estabilidade no praticante, oferece pouca ou nenhuma mobilidade.

Siu Nim Tau é parcialmente composta por várias técnicas que discutimos nos dois capítulos anteriores—o soco reto (Yat Ji Jung Choei), Taan Sau e Fuk Sau—que são executadas primeiro no lado esquerdo do corpo e depois no direito, treinando cada lado igualmente. A forma também nos introduz ao Huen Sau, uma técnica na qual a mão circula a partir do pulso, limpando a linha central e permitindo que o praticante mude de posição enquanto mantém o controle do braço do oponente.

Estes movimentos são normalmente feitos muito lentamente, quase como uma meditação. Pode durar de alguns minutos a 20 minutos ou mais. Por que devagar? Ajuda a construir nossa energia interna e foco mental.

Iniciantes frequentemente perguntam, "Si Fu, em que devo me concentrar durante esta sequência semelhante à meditação?" A resposta? "Linha central. Linha Central. Linha Central."

De fato, mover o seu Taan Sau para a posição correta, de onde o punho estava originalmente recolhido perto da axila, ajudará você a encontrar e desenvolver um espaço natural do braço no meio do seu corpo. A partir daí, o cotovelo seguirá atrás do pulso, conforme você reivindica a linha central. Quanto mais você praticar, mais você alongará e fortalecerá esses músculos e tendões para melhor ocupar completamente esse espaço valioso.

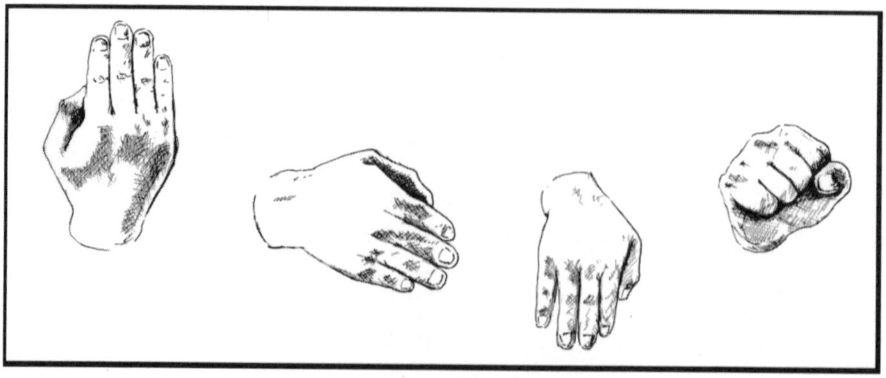

Huen Sau

A forma continua a introduzir uma série de novas técnicas, bem como o Bong Sau (Mão em Asa) encontrado anteriormente. As porções do meio ao final do Siu Nim Tau são executadas em uma velocidade mais rápida, mas ainda de maneira relaxada sem uma ênfase exagerada na força. Seu objetivo principal é criar memória muscular, até que os movimentos fluam quase instintivamente e sem pensamento. Também ensina o praticante a recuperar a linha central tanto de uma posição fraca quanto dominante.

No geral, Siu Nim Tau constrói poder interno, fortalece nossas pernas, melhora a postura, nos ensina economia de movimento, alivia o estresse e abre a porta para praticarmos Kung Fu com uma mente clara. A forma também é o início do reconhecimento de um sentimento diferente em cada uma de suas duas mãos, algo que aumentará sua capacidade de se defender, e pode se tornar um modelo de referência para a gestão de várias tarefas em suas atividades diárias.

(Da Minha Vida) Aprendendo a Ter o Tempo que Preciso

Aprendi Siu Nim Tau pela primeira vez como adolescente. Meu pai me ensinou ao longo de muitos meses, em estágios, dando-me sequências adicionais apenas quando eu estava absolutamente pronto para avançar. Infelizmente, na época, eu não tinha a paciência para apreciar o que ele estava fazendo pelo meu Kung Fu — construindo uma base imensamente forte. Um dia, perguntei ao meu pai se poderíamos acelerar o processo, e ele me respondeu com uma rejeição bastante severa.

Minha mente jovem e curto período de atenção achavam os movimentos de Taan Sau e Fuk Sau da forma entediantes, com o tempo prolongado dedicado a praticar essas técnicas lentas e relaxadas menos que excitante. Mas persisti, exatamente como havia sido instruído, eventualmente praticando a forma completa milhares de vezes ao longo dos anos.

Quando cheguei à faculdade, minha perspectiva sobre a forma havia totalmente evoluído. Sempre que eu sentia a pressão das aulas acadêmicas (seus projetos, trabalhos, finais), do meu trabalho de meio período ou das responsabilidades sociais, eu tirava um tempo para praticar Siu Nim Tau por meia hora ou mais. Descobri que isso limpava minha mente, bloqueava forças externas negativas e me ajudava a refocalizar. Não eliminava esses desafios em minha vida, mas me ajudava a mantê-los em perspectiva apropriada.

Hoje, descobri que uma vida inteira praticando a forma me permitiu ativar uma resposta de relaxamento, tanto física quanto mentalmente, trazendo um estado de calma através de apenas alguns de seus movimentos simples.

Não importa o que o mundo jogue em meu caminho, eu sempre tenho Siu Nim Tau em meu bolso. Maravilhosamente, é algo que se tornou mais forte e mais vital com minha experiência e idade crescente.

Sempre que tenho um visitante Kung Fu ilustre em minha escola, geralmente peço a honra de ver seu Siu Nim Tau. Acho que é como uma janela para o Kung Fu de alguém, ver sua expressão pessoal da forma e como ela se torna parte deles. Em retorno, ou eu ou um de meus alunos seniores a executará também, em uma troca de respeito.

Meu desejo mais ardente é que você descubra um valor similar nesta forma, desenvolva um desejo de praticá-la todos os dias e chegue a entender completamente quanto esta "pequena ideia inicial" pode oferecer ao praticante.

"Minhas ideias geralmente vêm não na minha mesa escrevendo, mas no meio da vida."

— Anaís Nin, ensaísta e romancista francesa

10.000 Horas para Segunda Natureza

Sempre que enfrentamos a tarefa de aprender uma nova habilidade, seja para nossos trabalhos ou prazer pessoal, normalmente começamos nos familiarizando com os fundamentos, decompondo a atividade, peça por peça, frequentemente até seus elementos mais básicos. E então, melhoramos nossas habilidades através da repetição constante.

Você provavelmente está familiarizado com a "Regra das 10.000 Horas" difundida pelo autor e jornalista Malcolm Gladwell. Ela afirma que alcançar verdadeira expertise em quase qualquer coisa é uma questão de praticar por 10.000 horas.

Isso está muito alinhado com a definição literal de Kung Fu, tempo e esforço que resultam em habilidade. Seja um novo programa de computador com um menu ligeiramente diferente, aprender a ser um cozinheiro de pratos rápidos com uma fila de clientes famintos durante o horário de pico do jantar, entender como ficar fora da cozinha[9] em uma quadra de *pickleball*, nossos corpos e cérebros precisam de tempo para se imergir e ajustar.

Com tempo e prática suficientes, nossas ações e reações podem se tornar quase instintivas.

Considere as atividades diárias que alguns de nós realizamos com pouca ou nenhuma preparação mental ou física. Talvez você possa amarrar uma gravata habilmente em segundos sem olhar no espelho. Talvez você possa deslizar sua mão para cima e para baixo no braço de um violão até o traste correto, enquanto muda as posições dos dedos para tocar cada acorde corretamente, e cantar ao mesmo tempo. Isso é incrível. Agora, pegue alguém que nunca fez nenhuma dessas atividades antes e observe-os lutarem.

Como você os ensinaria a ter sucesso?

Como você ensinaria a si mesmo a fazer algo em que você não possui quase nenhuma experiência?

---

9 No contexto do *pickleball*, o termo "cozinha" se refere a uma área específica na quadra de pickleball, chamada de "kitchen" em inglês, que é uma zona localizada perto da rede. Essa área é um dos conceitos únicos do esporte.

Bem, primeiro você provavelmente aprenderia as técnicas corretas envolvidas, seguidas por horas de prática. Claro, praticar corretamente encurtará a curva de aprendizado. É aí que um professor, treinador ou si fu pode entrar.

Praticantes de Kung Fu têm um ditado para descrever iniciantes impacientes: "Todo mundo quer seu Kung Fu para ontem."

Infelizmente, isso simplesmente não é possível. Mesmo prodígios não dominam completamente o alfabeto em seu primeiro dia da primeira série. Mas entender que montanhas podem ser escaladas ao longo do tempo, não importa quão altas elas possam parecer hoje, é uma das maiores lições para pessoas que apaixonadamente querem algo mais em suas vidas.

(Kung Fu Natural) Sete Letras por Vez

Muitas pessoas estão familiarizadas com o uso do alfabeto para jogar jogos de palavras como Scrabble, Boggle e Wordle. Assim como a relação do Siu Nim Tau para desenvolver uma resposta dentro da Dimensão Kung Fu, entender como certas combinações de letras se encaixam pode melhorar suas habilidades linguísticas e ajudá-lo a ter sucesso nesses jogos baseados no alfabeto.

Joel Wapnick é um Campeão Mundial de Scrabble, e ele constantemente aprimora suas habilidades através de estudo e prática diários.

"Eu gosto de memorizar palavras. Agora tenho uma lista de 16.000 palavras que memorizei em sequência, e gostaria de aumentar isso para 24.000 palavras. Ensaio a lista em longas caminhadas. Também gosto de estudar anagramas, aproximadamente 300 palavras por dia," disse Wapnick, cuja pontuação mais alta é um impressionante 715 pontos.

Consistência e um sólido senso de visão do tabuleiro ajudaram Wapnick a aperfeiçoar suas habilidades no jogo a um nível superior.

“Eu organizo minhas peças com as vogais à esquerda e consoantes à direita. Isso me dá consistência porque quando estudo palavras, estudo-as nessa forma também. Então torna mais fácil para mim reconhecer o que posso ter em meu suporte, ou em combinação com o tabuleiro,” observou Wapnick, que faz em média três *Bingos* por jogo, gíria do Scrabble para quando um jogador usa todas as sete peças em seu suporte para ganhar um bônus extra de 50 pontos. “Ter visão do tabuleiro é realmente importante. Isso significa saber como colocar peças entre duas linhas, ver uma abertura no tabuleiro e saber quando fechá-la. É crucial para se tornar um jogador forte.”

Cesar Del Solar também é um jogador de elite de Scrabble, tendo rapidamente vencido vários torneios em sua jovem carreira. Ele cresceu falando espanhol como parte de uma família que imigrou para os Estados Unidos da Venezuela. O pai de Cesar acreditava que a educação seria a chave para o sucesso futuro de seus filhos, então as buscas acadêmicas eram fortemente encorajadas. Como resultado, Del Solar recebeu uma bolsa de estudos para o Cal-Tech para estudar engenharia. Foi lá que ele começou a jogar Scrabble online como uma fuga do estresse de suas aulas universitárias.

Cesar, que cresceu praticando artes marciais, relaciona o jogo de Scrabble com atividades da vida real.

“Às vezes você faz uma jogada ruim, especialmente em um torneio quando está competindo contra o relógio. Você tem que ser capaz de deixar aquela jogada de lado e refocalizar, voltar aos seus pontos fortes básicos. Há um aspecto psicológico significativo nisso,” disse Del Solar, que organiza suas peças alfabeticamente em seu suporte, da mesma maneira que estuda listas de palavras e fichas de estudo.

Se você alguma vez desafiar um jogador de elite para uma partida de Scrabble, esteja preparado. Sempre jogar com o melhor de suas habilidades contribui para sua consistência geral.

“Eu nunca pego leve com ninguém, embora raramente jogue com amadores ou jogadores menos que sérios,” observou

Wapnick, que em um jogo recente usou uma palavra de 10 letras em RETIREMENT, adicionando R-E-T-I-R-N-T à palavra EME (um substantivo que significa um tio ou amigo) já no tabuleiro. "Scrabble é um jogo de palavras. Mas também é um jogo de matemática e espacial. As palavras são regras e há mais de 100.000 regras."[10]

10 A referência é sobre uma jogada famosa de Joe Wapnick pela maneira como ele formou a palavra longa e rara "RETIREMENT", ao adicionar as letras na posição certa. Foi um exemplo de habilidade e estratégia.

Perspectiva de Paul: Sem Ideia

Eu estava fazendo Siu Nim Tau na praia uma manhã. Executar a forma apenas um pé ou mais além da linha d'água pode ser uma experiência interessante. Devido ao constante movimento de entrada e saída da maré, há forças sendo exercidas sobre seu equilíbrio, às vezes simultaneamente, mas em direções diferentes. Além disso, a areia sob seus pés descalços está constantemente mudando com o empurrar e puxar da maré, reorganizando continuamente a superfície sempre mutável do fundo arenoso.

Eu provavelmente estava no meio da forma quando um senhor mais velho que estava caminhando ao longo da costa com seu cachorro me disse em um tom categórico enquanto passava, "Esse tipo de luta não é bom. Não há força nesses socos. Tudo que você está fazendo é muito suave. Você nunca se defenderá assim."

O homem não esperou por nenhum tipo de resposta minha, e nunca interrompeu seu passo. Ele apenas continuou seu caminho, com seu cachorro seguindo ao lado.

Siu Nim Tau é chamado de "Pequena Ideia Inicial", e eu teria ficado feliz em compartilhar com ele meus pensamentos sobre por que eu acreditava que a forma era um bom investimento do meu tempo e energia.

Mas naquele dia, o cavalheiro não estava interessado em uma ideia, ou em uma nova maneira de possivelmente olhar para as coisas. Ele estava simplesmente interessado em uma comunicação unilateral, uma na qual ele sabia tudo e tinha todas as respostas certas. Então eu não o chamei para iniciar uma conversa. Em vez disso, s simplesmente deixei aquele momento sem significado passar.

Eventualmente, terminei a forma naquela manhã. Em uma autoavaliação de minha performance, havia algumas coisas que eu poderia ter feito melhor. Mas no geral me senti razoavelmente satisfeito, tendo me ajustado tanto às muitas forças do oceano quanto ao pequeno sopro de vento desinformado agitado por aquele transeunte.

Aplicações na Vida

- Você está perplexo quanto ao significado de uma palavra particular em um artigo que está lendo. Então você divide a palavra em seus termos mais simples, examinando seu prefixo, raiz e sufixo em um esforço para juntar uma possível definição.
- Você percebe que um vizinho que mora no quarteirão é surdo. Você acenou olá e tchau para ele várias vezes recentemente. Em um esforço para melhorar as comunicações e melhorar a si mesmo, você começa a ver vídeos online sobre linguagem de sinais e imprime um gráfico detalhando o alfabeto da Língua Americana de Sinais[11].
- Depois de distender seu ombro, o médico lhe dá uma prescrição para fisioterapia onde o fisioterapeuta designa vários exercícios básicos para fazer, algumas vezes por semana, usando apenas um peso de um quilo para lentamente construir força na área.
- Sua resolução interior para alcançar certos objetivos começou a vacilar recentemente. Em resposta, você reserva 20 minutos por dia para limpar sua mente e meditar sobre o que realmente quer alcançar, e quanto está realmente disposto a sacrificar para atingir esses objetivos.

11 No Brasil, é utilizada a Língua Brasileira de Sinais, conhecida como Libras.

"Se você tem uma maçã e eu tenho uma maçã e nós trocamos essas maçãs então você e eu ainda teremos uma maçã cada. Mas se você tem uma ideia e eu tenho uma ideia e nós trocamos essas ideias, então cada um de nós terá duas ideias."

— George Bernard Shaw, dramaturgo e poeta irlandês

Um Par de Mulheres Lendárias

Durante o início do século XVIII viveu uma monja budista chamada Ng Mui, que foi forçada a fugir do Templo Shaolin quando ele foi destruído durante a Dinastia Qing por oficiais do governo acreditando que o santuário abrigava revolucionários. Ng Mui era considerada uma das principais artistas marciais da China na época. A lenda diz que esta mulher observadora e visionária acreditava que era possível conceber um sistema de luta que não dependesse de um praticante possuir força bruta—um tipo de pensamento mais provável de ser concebido por uma mulher.

Tomando seu exemplo do mundo natural, diz-se que Ng Mui se inspirou a conceber tal arte depois de testemunhar uma luta entre uma cegonha[12] e um pequeno roedor (frequentemente a lenda substitui o roedor por uma serpente). Foi uma escaramuça na qual Ng Mui observou a ave aquática usando suas amplas asas para os propósitos tanto de ataque quanto de defesa, algo que ela conscientemente incorporaria em seu sistema.

A arte foi ensinada a uma mulher chamada Yim Wing Chun, que estava sendo pressionada por um líder local para se tornar sua noiva. A lenda diz que Yim Wing Chun usou o sistema embrionário para derrotar o poderoso líder em combate corpo a corpo, libertando-se de sua proposta indesejada.

Sempre que algo tão significativo quanto uma nova arte marcial é concebida, especialmente em uma cultura onde passar adiante o conhecimento é principalmente dependente de uma tradição oral, uma das principais preocupações é como tal sistema pode sobreviver além do tempo de vida de seu originador. Essa resposta floresceu na forma de treinar alunos que poderiam um dia propagar a arte em campos futuros.

12 Há uma certa equivalência simbólica neste caso entre cegonha, garça e grou. Ainda que tradicionalmente o episódio referido é atribuído a um grou.

Yim Wing Chun foi aquela preciosa muda para Ng Mui. Portanto, a arte do Wing Chun, que se diz ser a única arte marcial inventada por uma mulher, carrega seu nome.

CAPÍTULO 4

POR QUE UMA FAMÍLIA KUNG FU?

"Família não é uma coisa importante. É tudo."
— Michael J. Fox, ator e defensor de causas

Como si fu, aprecio o papel de ensinar a você o certo e o errado nesta arte, e dar-lhe uma base sólida para enfrentar os muitos desafios em aprender Kung Fu. Espero que você aplique esse conhecimento em suas tarefas diárias e interações com os outros, construindo uma ampla rede de amigos e conhecidos onde quer que vá.

Atributos Físicos

Normalmente começo a aula trabalhando em uma habilidade ou técnica que todos os presentes podem experimentar. Então nos dividimos em pares para praticar o que acabei de introduzir.

Esse é o início da construção de um relacionamento familiar. Dentro desse pareamento, um dos participantes indubitavelmente terá mais experiência que o outro. Como um irmão ou irmã mais velho em casa pode esclarecer como realizar uma tarefa doméstica simples para um irmão mais novo, o praticante mais experiente guiará seu parceiro, corrigindo potenciais erros e oferecendo feedback.

Na Cultura Kung Fu, seus mais velhos têm títulos específicos. Seu irmão Kung Fu mais velho pode ser chamado de si hing, e sua irmã Kung Fu mais velha de si je.

O que os torna mais velhos? Não tem nada a ver com idade biológica. Em vez disso, a ordem é estabelecida por quem entrou pela porta primeiro e foi aceito na família. Em seu primeiro dia na aula, você será o si dai de todos, seu irmão(ã) mais novo(a) deles. Se outro aluno(a) vier a ser aceito(a) alguns dias depois, você automaticamente se tornará seu irmão(ã) mais velho(a). Ele(a) serão seu si dai.

A esmagadora maioria do tempo que você estará praticando fisicamente, você estará executando técnicas, fazendo exercícios e tocando suas mãos nas mãos de seus colegas, não do si fu necessariamente, que estará observando cuidadosamente o processo. Seus irmãos(ãs) mais velho(a)s estarão passando adiante o conhecimento que ganharam para você, com um tipo de mentalidade de "retribuir ajudando o outro". Por que eles teriam tal interesse em seu Kung Fu?

Por um lado, eles sabem como é lutar com as complexidades de aprender a arte. E, ao trazer você a um nível mais alto, eles esperançosamente logo terão outro parceiro digno e desafiador com quem treinar e se testar.

É assim que relacionamentos respeitosos e florescentes entre alunos de todas as habilidades permitem que o grande Kung Fu seja cultivado e transmitido.

(Da Minha Vida) Ampliando os Relacionamentos de um Aluno

Durante a maior parte de minha carreira como si fu, tive a sorte de operar duas escolas de Kung Fu, uma em Chinatown de Manhattan[13] e outra em Bayside, no Queens, que é outro dos cinco distritos que compõem a cidade de Nova York.

Essas aulas normalmente eram frequentadas por algo entre 15 e 25 alunos. Mas também tive muitos alunos privados. Isso porque

13 Manhattan é um dos distritos de Nova York, situado em uma ilha entre os rios Hudson e East. Centro financeiro, cultural e comercial da cidade, é conhecido por seus arranha-céus icônicos como o Empire State Building. Abriga pontos turísticos mundialmente famosos como Central Park, Times Square e Wall Street.

muitos alunos ou têm agendas sobrecarregadas e só podem se reunir em certos horários, ou possuem uma inclinação natural para se afastar de aprender em grandes grupos.

Deandre era um aluno particular meu que imediatamente se identificou com o Kung Fu, vendo-o ter uma influência muito positiva tanto em sua vida pessoal quanto profissional.

Mas após muitos meses de trabalho duro, notei que ele começava a atingir um platô em seu Kung Fu e seu entusiasmo em aprender, provavelmente acreditando que havia chegado ao seu destino.

Então reuni um trio de meus alunos particulares, para que pudessem experimentar treinar com parceiros além de mim.

Os três pareciam gostar da experiência. Mas Deandre era consideravelmente mais talentoso que os outros dois alunos, e podia controlá-los com bastante facilidade.

E novamente, após algumas semanas, ele estava se perguntando se seu aprendizado estava completo. Foi quando encorajei Deandre a experimentar uma ou duas semanas como parte de minhas aulas regulares, e ver o progresso de muitos alunos diferentes. Porque apesar de toda sua dedicação no treinamento, ele havia perdido os benefícios de ser parte de uma família Kung Fu ativa.

Ele não tinha si hing ou si je para ajudar a guiá-lo, e empurrá-lo para ser ainda melhor. O par de alunos com quem ele treinou como parte do "trio" eram tecnicamente si dai de Deandre. Mas ele não havia sentido o vínculo de ajudá-los a aprender desde o início, porque eles também haviam treinado privadamente comigo.

Deandre aceitou hesitantemente minha oferta. Aquela primeira noite de aula estava lotada, e ele tocou mãos com mais pessoas durante um período de duas horas do que havia feito em todo seu tempo de treinamento combinado. Observei-o atentamente. Ele teve momentos tanto de exaltação (quando controlava outros) quanto de frustração (quando outros o controlavam), especialmente uma aluna que tinha apenas metade de seu tamanho. Ele também encontrou vários alunos que estavam apenas acima ou abaixo de seu nível, e pude sentir ele gravitando em direção a eles.

Um novo aluno se matriculou naquela noite, e designei Deandre para ensinar-lhe nosso exercício de abertura, o exercício Paak Sau (explicarei este exercício mais adiante no texto). Desta forma ele poderia ter alguma participação no desenvolvimento daquele aluno — em certo sentido seu primeiro si dai.

Por sua vez, um dos "novos" si hing de Deandre se interessou por ele, oferecendo-se para ajudá-lo com seu trabalho de pés e cavalo.

Sem olhar para trás, Deandre rapidamente mudou seu regime de treinamento de aulas particulares para frequentar com outros. Ele provavelmente veio para aquela primeira aula se sentindo um pouco como filho único. Mas acredito que ele saiu abraçando o dar e receber dedicado de ser parte de uma família Kung Fu.

"Família nem sempre é sangue. São as pessoas em sua vida que querem você na delas."

— Maya Angelou, escritora, poeta, ativista dos direitos civis

Laços de Negócios e Esportes

Frequentemente o local de trabalho pode espelhar uma dinâmica familiar. Você provavelmente já ouviu alguém se referir a um colega de trabalho como sua "esposa do trabalho", "marido do trabalho" ou "mãe do trabalho", enfatizando a proximidade de seu relacionamento durante o horário comercial. Lembre-se, as pessoas estão sempre mais felizes em uma atmosfera de confiança e cuidado, onde o objetivo comum é que todos tenham sucesso e avancem. Essa é a produtividade em seu melhor.

Para muitas pessoas, seu primeiro emprego real é em um restaurante *fast-food*. Estabelecimentos como Burger King, Taco Bell,

Subway, Domino's, Wendy's e Dunkin' Donuts são responsáveis por dar às gerações de adolescentes seus primeiros empregos.

Além do treinamento de adolescentes, o McDonald's é famoso por sua Universidade do Hambúrguer, uma instalação de treinamento com oito campi para proprietários de franquias e seus gerentes. Seu treinamento compartilhado resulta em consistência de produto e organização.

Um credo da escola é que as pessoas se lembram melhor do que aprendem primeiro. Portanto, aprender a fazer algo da maneira errada resultará em um período mais longo para reaprender a fazer corretamente (alguns estudos afirmam que é cinco vezes mais longo).

Isso inclui um olhar exato para detalhes em montar o Big Mac. Qual é a ordem certa? Espalhe o molho secreto na base inferior. Então cubra com cebola picada, alface picada, fatia de queijo, hambúrguer e algumas fatias de picles. Cubra o segundo pão com mais molho, cebola, alface, picles e hambúrguer antes de finalizar com molho e o terceiro pão. Isso mesmo, apenas uma fatia de queijo é usada no Big Mac.

Com fome de mais?

Considere a dupla de irmãos do Hall da Fama do Basquete Reggie e Cheryl Miller. Quando jovens, a dupla incrivelmente talentosa costumava jogar dois contra dois contra competidores adultos desavisados em seu parque local em Riverside, Califórnia por $10 o jogo. No final das contas, usavam seus ganhos para comprar Mc Lanche Feliz no Mickey D's[14] após um longo sábado nas quadras.

Cheryl, que é um ano mais velha que Reggie, aprendeu a jogar basquete aos pés de seus dois irmãos mais velhos. Nenhum deles dava folga para Cheryl, bloqueando seus arremessos impiedosamente até sua irmã de 5 anos sair correndo chorando.

---

14 Mickey D's é um apelido informal e popular para o **McDonald's** nos Estados Unidos, especialmente usado em conversas casuais. Seria o equivalente ao Méqui no Brasil.

Por sua vez, Cheryl mostrou a Reggie o mesmo tipo de amor duro ao qual ela havia sido introduzida quando se tratava de competir na quadra, frequentemente derrotando seu irmão mais novo por grandes margens de vitória em jogos um contra um na frente de seus amigos.

Durante seu discurso de admissão no Hall da Fama, um agradecido Reggie Miller disse: 'Eu morava no quarto ao lado da, absolutamente e sem dúvida, maior jogadora de basquete feminino de todos os tempos. Tenho orgulho de dizer que (não estaria) neste palco se não fosse por você, Cheryl.'

E não se esqueça dos times da NFL (sigla em inglês para Liga Nacional de Futebol Americano) que contam com quarterbacks[15] novatos ou jovens ainda aprendendo sua função. Muitas franquias nessa situação contratam quarterbacks veteranos como reservas ou até mesmo terceiros na hierarquia, já em fim de carreira. Por quê? Seus anos de experiência podem ser extremamente valiosos no processo de mentoria dos jogadores mais jovens da mesma posição. Vários desses QBs mais velhos fizeram contribuições imensas para o sucesso de suas equipes sem sequer pisar em campo durante uma partida oficial.

(Kung Fu Natural) Não Causar Dano

Dr. Alberto Cayton, vencedor da Medalha Walter E. Reed de Excelência em Medicina no ano 2000, imigrou para os Estados Unidos vindo das Filipinas e tem praticado cirurgia nestas terras desde 1975.

As Artes Marciais são importantes e bem respeitadas no país de origem do Dr. Cayton, por isso ele fez questão de que seus três filhos participassem dessa prática durante a juventude.

"É muito importante estudar uma arte marcial. Isso te dá confiança em si mesmo e em suas habilidades," disse Dr. Cayton. "É um bloco de construção para seu futuro."

15 Quarterback é uma posição no futebol americano. O quarterback (QB) é o jogador responsável por liderar o ataque da equipe, geralmente recebendo a bola no início da jogada e decidindo se fará um passe, entregará a bola para um *running back* correr ou, em alguns casos, tentará avançar ele mesmo com a bola.

Cirurgião da equipe do Brooklyn Hospital, onde também ensina estudantes de medicina, o Dr. Cayton já treinou mais de 500 residentes ao longo de sua carreira.

Como o programa médio de residência para jovens médicos se assemelha a fazer parte de uma família Kung Fu? Tudo se resume ao compartilhamento do conhecimento e como ele é passado a diante.

"Os residentes aprendem muito com os médicos experientes com quem trabalham e treinam. Ser um residente, período que pode durar de três a cinco anos, é como um aprendizado prático. Você continua aprendendo na sua área de especialização, seja cirurgia, pediatria, clínica médica ou outra especialidade", disse o Dr. Cayton.

"A medicina é um campo dinâmico. É tão vasto e está sempre mudando de alguma forma, com novas técnicas sendo constantemente desenvolvidas. É um processo de aprendizado intenso e contínuo. Os residentes às vezes trabalham turnos de 20 horas no hospital, com semanas de trabalho ocasionais totalizando até 80 horas. Isso significa que, por períodos prolongados, a maior parte de suas horas acordadas é passada no andar do hospital, aprendendo, respondendo e se imergindo na prática da medicina. O campo de profissionais médicos é como uma grande família. Há muito compartilhamento de informação e experiências, tudo com o mesmo propósito—ajudar o paciente a ser mais saudável," observou Dr. Cayton, que dedicou sua vida e habilidades cirúrgicas a seus pacientes e estudantes por quase meio século.

Perspectiva de Paul: Primeiras Impressões Familiares

Como um jogador ardente de basquete, aprendi como usar meus quadris para criar alavancagem e tirar espaço de inimigos muito maiores. Eu claramente não era mais forte ou mais atlético que meus adversários, mas havia aperfeiçoado aquela habilidade particular ao longo de muitas horas de jogo sério. Um dia, olhei para o lado da quadra para ver duas pessoas engajadas no que acabou sendo exercícios de Kung Fu. Fiquei impressionado pelo fato de que eles pareciam estar usando posicionamento ao invés de força bruta. Um daquele par notou meu intenso interesse e mais tarde ofereceu me ensinar algum Kung Fu básico. Provavelmente nos encontramos quatro ou cinco vezes para praticar, e eu estava realmente gostando. Então recebi a notícia de que meu professor havia rompido seu ligamento cruzado anterior jogando basquete, e nossas aulas precisariam fazer uma pausa, provavelmente por um ano inteiro.

Por uma feliz coincidência, essas circunstâncias me levaram à porta da escola do Si Fu William Moy. Gostei de Si Fu William imediatamente, e descobri que ambos compartilhávamos uma paixão pela escrita. Ele me explicou, entretanto, que o Kung Fu que eu havia estado aprendendo era de uma linhagem ligeiramente diferente, e que eu precisaria fazer alguns ajustes menores na técnica.

Mais tarde naquele dia, perto do final de minha primeira aula, um dos alunos seniores com quem eu havia estado treinando, meu novo si hing, me perguntou se eu já havia estudado Kung Fu antes, porque ele achou que eu fiz o exercício de abertura melhor que o iniciante médio. Devo ter usado um termo da outra linhagem em minha resposta.

Aparentemente aflito com isso, mais tarde o ouvi alertar outro aluno que eu poderia ser um espião participando apenas por algumas aulas para ver como as coisas são feitas aqui. Achei aquela noção absolutamente tola. Apenas sua conjectura aparentemente absurda veio com algumas consequências imediatas, conforme notei vários dos outros alunos se esquivarem de trabalhar comigo.

Três dias depois, apareci para minha próxima aula 45 minutos mais cedo, com um plano específico em mente para aliviar as apreensões de meus colegas de classe.

Vários dos alunos mais experientes já estavam lá, treinando uns com os outros. Um deles educadamente me disse que a aula não havia começado ainda, e eu deveria voltar no horário marcado. "Não vim cedo para treinar," respondi. "Vim cedo para ser respeitoso e limpar a escola." Foi quando tirei uma garrafa de limpador de vidros de minha bolsa de academia.

Comecei a limpar a grande parede espelhada. Depois disso, limpei todas as janelas e então varri o chão inteiro.

Quando a aula oficialmente começou, entendi que os frutos do meu trabalho haviam rapidamente florescido. Havia uma fila de vários alunos experientes esperando para trabalhar comigo, e um logo ofereceu ficar após a aula para me dar tempo extra.

Eu me senti mal sobre aquela leve manipulação das pessoas que se tornariam minha família Kung Fu? Talvez. Mas é assim que pode ser em famílias, especialmente quando seus irmãos e irmãs ainda não têm uma visão perfeitamente clara de você. Palavras podem não ser suficientes para corrigir a situação.

Em vez disso, você pode precisar esclarecer as linhas de comunicação através de seus atos e ações, mesmo que essas ações sejam planejadas.

Aplicações na Vida

- Em seu trabalho, você é colocado no comando de um novo estagiário que ajudará a aliviar a carga em seu departamento. Ao investir tempo e esforço para treinar adequadamente esse estagiário, você estará ajudando seu departamento, sua empresa e a si mesmo por meio do aumento da produtividade, e potencialmente não tendo que refazer o trabalho de um novato mal treinado.
- Por causa do cronograma, você é forçado a fazer uma aula com um professor universitário que tem reputação de não dar aos alunos nota maior que B. Então você recorre a uma de suas irmãs de irmandade que teve o mesmo professor dois semestres atrás, pedindo uma avaliação sobre a aula, suas anotações anteriores e os tipos de trabalhos e provas que foram atribuídos.
- Parte da alegria de visitar seus avós é a incrível comida reconfortante que eles sempre servem. Nesta visita, no entanto, em vez desses pratos saborosos estarem na geladeira prontos para comer, seus ingredientes individuais estão no balcão da cozinha, junto com um avental. Você está prestes a receber uma lição sobre como preparar esses pratos fabulosos, para que possa passá-los adiante para futuras gerações de sua família.
- Você se depara com um folheto que diz: Candidate-se para se tornar aprendiz de encanador ou eletricista. Aprenda com um mestre dessas artes para garantir uma carreira lucrativa e desafiadora.

"Esta é minha família. Eu a encontrei toda por conta própria."
— Stitch, amado personagem da Disney

Se o Sapato Serve

A tradição do Kung Fu de respeitar seus mais velhos (si fu, si hing, si je) indubitavelmente encontra suas raízes na ética Confucionista da Piedade Filial, que afirma que as crianças devem cuidar de seus pais e idosos, respeitando-os e trabalhando duro em nome deles, assim como seus pais e idosos fizeram por elas quando eram jovens demais para cuidarem de si mesmas.

Como reflexo disso, lembro-me de encontrar meu pai e vários de seus alunos para um almoço tardio, após uma longa prática pela manhã.

Meu pai estava sentado no restaurante mostrando a todos um novo par de tênis que estava usando. Ele proclamou orgulhosamente que eles foram dados a ele por um aluno generoso. Todos nós concordamos com meu pai que foi um gesto maravilhoso.

Mas conforme meu pai continuava a brilhar sobre o presente, o resto de nós olhou um para o outro percebendo que este aluno em particular possuía uma loja de artigos esportivos, e que dar a seu si fu um simples par de tênis provavelmente não merecia este tipo de adoração.

Mas conforme meu pai continuava com seu elogio, ficou claro para o resto de nós porque ele estava tão comovido. "Meu aluno me disse que este é exatamente o mesmo estilo e marca de tênis que ele deu a seu próprio pai como presente."

Assim, o ato implicava que este aluno considerava seu si fu, seu pai Kung Fu, em consideração similar a seu próprio pai biológico. Que elogio maior meu pai, o Patriarca Moy Yat, que modelou sua família Kung Fu à semelhança da família nuclear, poderia esperar receber?

CONVIDADA DE HONRA
Karen Sheperd (Los Angeles, CA, Estados Unidos)

Si Fu Karen Sheperd, faixa-preta de 8º grau na arte do Wun Hop Kuen Do Kung Fu (uma fusão de influências chinesas, japonesas e filipinas), não apenas se consagrou como uma das maiores artistas marciais do nosso tempo, mas também foi a força motriz por trás da criação de classificações competitivas para mulheres. Essa iniciativa aumentou significativamente o número de participantes femininas em torneios de artes marciais, dando-lhes metas concretas para alcançar.

A jornada de Karen começou quando ela precisava de alguns créditos eletivos no ensino médio.

"De alguma forma, fui direcionada para as artes marciais numa época em que as mulheres praticamente não praticavam. Eu tinha que escolher uma disciplina para obter créditos e vi na lista o Shotokan Karate. Eu não sabia nada sobre artes marciais naquela época, mas fiquei realmente empolgada com a ideia."

Como se saiu essa jovem iniciante, que mais tarde se tornaria Campeã Mundial, em sua primeira aula?

"Os movimentos vieram naturalmente para mim. O instrutor disse que eu tinha talento e que deveria continuar treinando. Mas meu pai era contra, porque na época isso não era coisa de menina, e eu não tinha condições financeiras para continuar por conta própria."

Alguns anos depois, enquanto estudava na Universidade de Oregon, Karen se juntou a um clube/escola/equipe de Kajukenbo, uma arte marcial que combina golpes, agarramentos e torções articulares. Ela também encontrou um instrutor de Tai Chi no campus e, em seu tempo livre, mergulhou no estudo dessas duas artes.

"Estudávamos aplicações práticas e lutas reais. Os movimentos abriram minha mente. Eu praticava formas inspiradas em animais, alternando entre estilos duros e suaves. Encontrar aqueles parceiros de treino foi, de certa forma, um milagre. Eles me deram uma base sólida, e isso foi o que me tornou campeã."

Si Fu Karen se destacou no mundo das artes marciais dominando as formas, conhecidas como "Kata" no Japão.

"Muitos artistas marciais tradicionais desprezam as formas. Dizem: 'Isso é bonito, mas qual é o objetivo?' Eles respeitam mais a luta. Mas as formas são, na verdade, uma maneira de imaginar que você está cercado por oponentes e lutando. É por isso que, na maioria das formas, mudamos de direção", enfatiza Sheperd.

"A palavra 'forma' é definida como um elemento estruturado, como uma obra de arte — um padrão de excelência baseado na experiência. As formas são essenciais para o desenvolvimento técnico e para a concentração intensa. Para mim, as formas representam a 'arte' nas artes marciais."

Quando Karen começou a competir em torneios de formas, ela era a única mulher classificada no Top 10 Nacional. Naquela época, apenas cerca de 10% dos competidores eram mulheres. Ela acreditava firmemente que era necessário criar classificações separadas e divisões femininas para atrair mais mulheres ao esporte.

Assim, assumiu a responsabilidade de procurar as principais entidades de classificação e patrocinadores. Depois de superar todos os obstáculos impostos, o sonho de Karen tornou-se realidade: as mulheres passaram a ter divisões próprias em formas e armas, além de uma classificação nacional independente.

Si Fu Karen Sheperd conquistou vários títulos mundiais, sendo classificada como a #1 em Formas Femininas de Faixa--Preta nos anos de 1979 e 1980. No ano seguinte, recebeu o convite para coestrelar o filme japonês de artes marciais The Shinobi Ninja, tornando-se essencialmente uma das primeiras estrelas femininas de filmes de ação.

"Fiquei empolgada com a oportunidade de ir ao Japão e atuar em um filme. O orçamento não era alto e não havia dublês para os atores. Lembro-me de estar deitada na neve, no topo de uma montanha japonesa, com uma flecha falsa no braço, pensando: 'Isso é incrível.' Quando voltei para os Estados Unidos, me mudei para Los Angeles para estudar atuação."

Karen participou de vários filmes e séries de TV, incluindo Cyborg 2 (1993), ao lado de Angelina Jolie. Durante as filmagens, ajudou Jolie a se preparar, ensinando-lhe como fechar o punho, dar um soco e executar movimentos básicos de luta coreografada. Jolie se tornaria mais tarde uma das principais estrelas femininas de filmes de ação do novo milênio.

Mas talvez o momento mais memorável de Karen no cinema tenha sido sua luta espetacular contra Cynthia Rothrock, a próxima campeã feminina de formas, no filme de Hong Kong Above the Law (1986)[16]. A cena foi filmada a 7 metros de altura, enquanto as duas equilibravam-se sobre um andaime independente.

"Nós estávamos realmente naquela altura. O contato foi real e intenso. O diretor nem nos deu tempo para ensaiar a cena. Ele só ficava gritando: 'Mais forte! Mais forte! Mais rápido! Mais rápido!' enquanto filmávamos. Houve hematomas, contusões e ferimentos. Tivemos dublês para quedas maiores,

16 No Brasil, este filme foi distribuído como "Operação Justiça".

mas, curiosamente, eram todos homens. Dá para perceber se você olhar com atenção."

Como suas amplas experiências nas artes marciais ajudam Karen no dia a dia?

"Treinei no estilo 'raiz', sempre me desafiando ao máximo. Me sinto abençoada por ter tido professores que me ensinaram a ser resistente. Tudo isso continua comigo hoje, à medida que enfrento os desafios diários da vida. Uma das escolas em que treinei tem um trevo de três folhas como símbolo. Elas representam corpo, mente e espírito. Penso nessa combinação todos os dias, pois me apoio em meu treinamento e minha fé para lidar com as dificuldades cotidianas."

Além do cinema, Karen também expandiu sua carreira para o teatro ao vivo. Naturalmente, não havia muito espaço para demonstrações de artes marciais na peça de Tennessee Williams, Summer and Smoke (Verão e Fumaça), o que exigiu que ela desenvolvesse outras habilidades.

"Estar no palco foi desafiador e divertido. De certa forma, foi como competir em artes marciais — uma descarga de adrenalina. Mas eu realmente precisei me preparar, memorizar as falas e explorar as sutilezas da minha personagem. Meu treinamento nas artes marciais foi essencial para enfrentar esse desafio, porque, independentemente do que aconteça, você precisa continuar. E é isso que faz um bom artista marcial."

CAPÍTULO 5

ESTRUTURA E POSIÇÃO

"A mais alta que sua estrutura deve ser, mais profunda deve ser sua fundação."

— Santo Agostinho, filósofo, teólogo e bispo cristão

Resultados positivos em sua vida não são acidentais. Eles são normalmente alcançados através de dedicação e trabalho árduo, que devem muito de sua reputação inabalável a fazer as coisas do jeito certo, não de maneira descuidada.

Atributos Físicos

A maioria das pessoas viu mais filmes de Kung Fu do que Kung Fu real. Os filmes gostam de fazer o Kung Fu, junto com várias outras artes marciais, parecer algo místico.

Em defesa da indústria cinematográfica, suponho que esse tipo de associação sobrenatural faz uma história melhor, uma que rende na bilheteria, enchendo mais assentos nos cinemas.

O Kung Fu real é impressionantemente bonito. Não estou falando sobre movimentos excessivamente elaborados, chutes giratórios altos e aquela vocalização estereotipada do praticante no momento da execução—Hi-yah!

Comparado a essa representação midiática da arte, o Kung Fu real parece simples e comum ao olho não treinado. Sua verdadeira beleza está em sua eficácia, especialmente travando combate em espaços apertados, um espaço onde é difícil para as câmeras de cinema filmarem sequências de ação e obterem boa perspectiva.

Então, se não é algo místico, o que dá poder ao Kung Fu? A resposta principal está na base da arte: uma estrutura e posicionamento adequados. Isso dá ao praticante a vantagem de usar seu sistema esquelético, quando adequadamente alinhado, para gerar tanto poder quanto incrível resistência à força. Também nos permite fazer maior uso de nossos músculos e tendões, criando cadeias substanciais de força flexível que estão constantemente mudando de forma, mas ainda mantendo estrutura e posição superiores, conforme fluímos de uma técnica para outra. Por exemplo, lembre-se como o pulso permanece perfeitamente e economicamente estacionário, servindo quase como um ponto de pivô, conforme mudamos entre o trio de técnicas centrais: Taan Sau, Fuk Sau e Bong Sau.

Um dos principais testes de estrutura adequada tanto para o Taan Sau quanto para o Fuk Sau é que seu cotovelo, que deve teoricamente estar na linha central, precisa estar posicionado a uma distância de um punho e meio (aproximadamente 10 a 13 centímetros) de seu corpo. Se a posição do cotovelo estiver muito próxima, ambas as técnicas colapsarão sob pressão. Muito longe, e as técnicas são drasticamente enfraquecidas devido à falta de alavancagem do cotovelo.

Para uma demonstração visual, acesse o QR Code e assista o vídeo 4 **William Moy: Posição Apropriada do Cotovelo**

Outra técnica fundamental é o Wu Sau, a "Mão Protetora". É uma técnica usada principalmente para bloquear. Coloque a mão estendida verticalmente aproximadamente 13 a 15 centímetros de seu esterno na Linha Central, com o pulso empurrando para frente e os dedos retos, firmemente alinhados puxando para trás para criar uma tensão (o polegar está recolhido).

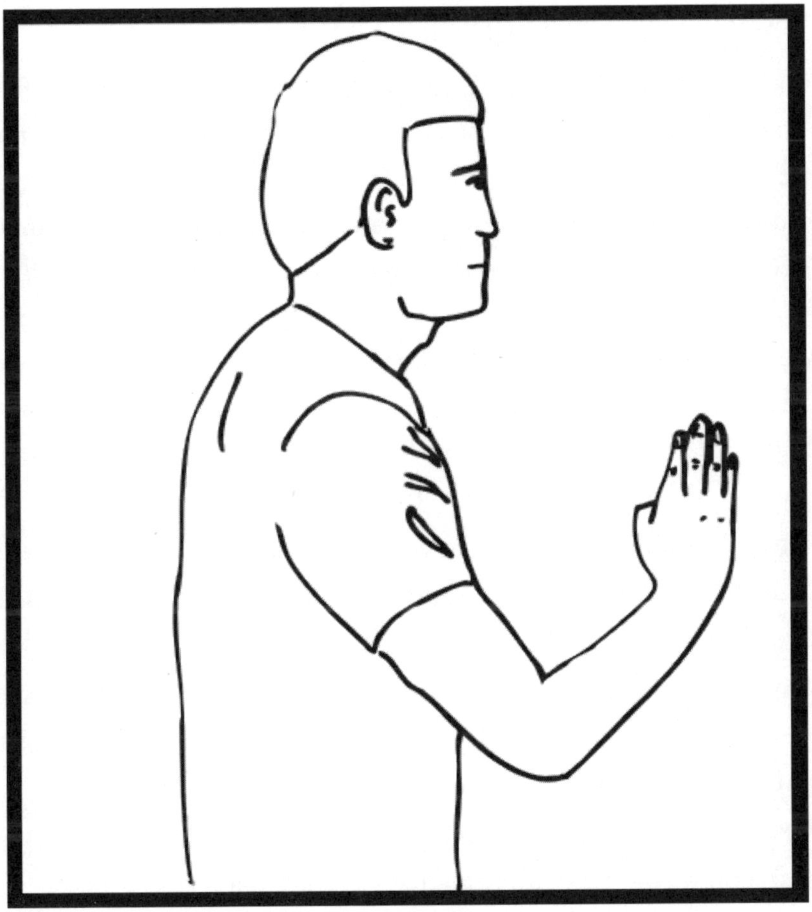

Wu Sau

Como o Taan Sau e Fuk Sau, se seu Wu Sau estiver muito próximo de seu corpo, ele colapsará. Você pode facilmente testá-lo desta maneira: Comece a trazer seu Wu Sau mais próximo de seu esterno, um oitavo de polegada por vez. Em cada novo intervalo, bata em sua estrutura forte em direção ao seu corpo com sua mão livre.

Quando a distância estiver dentro de seu limite correto, seu wu sau não deve se mover, oferecendo uma forte resistência. Quando ele finalmente falhar (colapsando para dentro), você o posicionou muito próximo.

(Da Minha Vida) Uma Extensão da Terra

Os praticantes de Kung Fu têm o privilégio de aproveitar a força do solo sob seus pés. Imagine se a única diferença entre dois oponentes teoricamente iguais fosse o fato de que um deles utilizava o solo de maneira eficiente para obter alavanca e estabilidade, enquanto o outro não. Um princípio semelhante pode ser observado no mar. Veja como um capitão experiente caminha pelo convés de seu navio em meio à ondulação da maré. Seus passos, sem dúvida, serão firmes, equilibrados e decididos. Agora, compare isso com os passos hesitantes e instáveis de um novato, alguém com pouca experiência no mar. A diferença na estabilidade seria impressionante.

Nesse sentido, meu pai certa vez me contou a história de quando seu mestre, Ip Man, o levou junto com vários outros alunos a um evento de Kung Fu, que contou com a presença de diversas escolas.

Um dos demonstradores apresentou uma técnica que ele chamava de 'postura do cavalo de ferro', na qual uma perna ficava ligeiramente à frente da outra.

Orgulhosamente, ele declarou que ninguém presente conseguiria erguer sua perna da frente do chão. Ele havia treinado essa postura especial por muitos anos, tornando sua perna incrivelmente forte e pesada, como ferro. O desafio não ficou sem resposta. Várias pessoas da plateia tentaram, entusiasmadas, mas nenhuma conseguiu levantar sua perna.

Os alunos de Ip Man se viraram para ele, perguntando se seu si fu conseguiria desestabilizar a postura do homem. O mestre respondeu com um sorriso irônico que provavelmente poderia, se lhe fosse permitido atingir o praticante (talvez considerando um chute na canela ou na virilha). Os alunos riram diante do senso de humor e da honestidade de Ip Man.

Depois de deixar seus alunos pensarem sobre isso durante a noite, no dia seguinte no almoço, Ip Man explicou o que eles haviam testemunhado.

O demonstrador estava realmente tomando emprestado o poder do solo, ao qual ele havia fixado sua postura. Imagine uma peça de aço em forma de U com ambas as extremidades descansando no chão. Só que esta peça de aço, na forma de duas pernas, estava na verdade viva e reativa. Sempre que você tentava levantar uma extremidade, sua força seria transferida para o chão através da outra extremidade.

Ao criar tal estrutura robusta, a capacidade de suportar cargas significativas se torna imensa. Isso é algo que um praticante de Kung Fu pode alcançar com as pernas, quadris e cotovelos—frequentemente os três em conjunto—formando um triângulo que pode defender contra diversos tipos de ataques poderosos.

"A principal característica sobre Bruce Lee é que ele era um homem pequeno... sua rapidez, sua agressividade, seu poder explosivo... todas essas coisas têm a ver com disciplina e estrutura. Ele conseguia enfrentar o maior dos homens, independentemente de quem fosse."

— Evander Holyfield, Medalhista de Ouro Olímpico e campeão peso-pesado profissional de boxe.

Por Outros Meios

O Kung Fu vem em muitas formas. Desarmar situações e desarmar outros nem sempre depende de uma técnica física como um *Bong sau*. Frequentemente, construímos esses mesmos tipos de vantagens e forças para nós mesmos através de outros meios em um esforço para diminuir os efeitos de forças externas indesejadas sobre nossas vidas. Abaixo estão alguns exemplos comuns e possíveis soluções.

Talvez um supervisor no seu trabalho esteja falando com você de maneira não profissional regularmente. Como você pode se colocar em uma posição mais forte para lidar com isso e combatê-lo?

Sim, você certamente pode registrar uma reclamação no Departamento de Recursos Humanos da sua empresa. Sem dúvida. Mas você também pode criar suas próprias precauções.

Talvez seja possível ter sua próxima interação com esse supervisor na companhia de um ou mais colegas de trabalho, que podem servir tanto como intermediários quanto como testemunhas. Você também pode informar ao supervisor que prefere tomar notas contemporâneas ou, talvez, até usar o gravador do seu celular durante a próxima conversa.

Dessa forma, você não esquecerá nem interpretará mal nenhuma instrução dada a você. Essa é uma maneira de deixar claro para o seu supervisor que algo que se tornou um hábito para ele não é mais aceitável para você.

Se você utiliza transporte público para ir a escola ou ao trabalho, especialmente no horário de pico, seja de manhã ou início da noite, você eventualmente terá uma interação com alguém que o fará se sentir desconfortável.

Pode ser um olhar lançado em sua direção, um desrespeito por seu espaço pessoal ou mesmo uma insistência em iniciar uma conversa. Levantar-se e se mover é provavelmente a melhor opção. Mas isso nem sempre pode ser viável em um ônibus ou trem lotado.

Então considere usar um guarda-chuva estrategicamente posicionado, mochila, pasta, mochila ou peça de roupa pendurada em seu braço como um criador de espaço para lhe dar maior distância do problema.

Outras pessoas em pé ao seu redor podem ser usadas como barreiras improvisadas também. E não se esqueça, possivelmente enquanto você está lendo estas páginas, muitas pessoas usam livros abertos para evitar conversas indesejadas.

Estruturar palavras em sinais verbais significativos pode nos colocar em melhores posições, frequentemente mais rápido que qualquer outra coisa.

"Não faça isso. Você está me deixando desconfortável. Por favor, me deixe em paz." Estas frases não caracterizam o interlocutor como fraco. Na verdade, expressar sua opinião é um sinal claro de assertividade. Aumentar o volume da sua voz para alertar outras pessoas ao redor e ajustar seu tom de voz quando necessário também podem ser ferramentas valiosas.

Através de suas experiências sociais, escolares, de trabalho e viagem, você provavelmente desenvolveu uma boa quantidade de Kung Fu natural.

Se sua antena está ligada, dizendo-lhe que algo está errado sobre uma situação particular, você deve respeitar esse sentimento. Não apenas ignore-o. Seu principal curso de ação deve ser reagir prontamente restabelecendo-se em uma melhor posição.

(Kung Fu Natural) Olhando para Árvores Ainda Mais Altas

Duas vezes Campeão da NBA (sigla em inglês para Associação Nacional de Basquete e MVP (sigla em inglês para Jogador Mais Valioso), Dave Cowens jogou como pivô pelo Boston Celtics de 1970 a 1980.

Embora Cowens tivesse "apenas" 2,06m de altura e pesasse 104 kg, ele era, na verdade, baixo para a posição de pivô na NBA.

Cowens rotineiramente enfrentava jogadores significativamente mais altos, alguns com estruturas mais largas, incluindo membros do Hall da Fama como Wilt Chamberlain (2,16m, 125 kg), Kareem Abdul-Jabbar (2,18m), Bill Walton (2,11m) e Moses Malone (2,08m, 118 kg).

Então como Cowens competia com tanto sucesso noite após noite na posição? Além de seu incrível talento atlético e impulso interno para ter sucesso, Dave Cowens era um mestre em ganhar posição superior em quadra e usar a estrutura corporal para ganhar vantagem.

"Você tem que saber como e onde fazer contato, que geralmente dura apenas alguns segundos. Como usar a isometria do seu corpo, enquanto mantém equilíbrio e controle," observou Cowens, que foi imortalizado no Hall da Fama do Basquete Memorial Naismith em 1991.

"Posicionamento também significa quanto espaço você quer entre o corpo de alguém e o seu próprio, tanto dar quanto tirar espaço é vital... Por exemplo, não quero pegar rebotes diretamente embaixo da cesta. Prefiro controlar um espaço a um metro ou um metro e meio da borda, me dando mais território... Também se trata dos fundamentos de movimentar os pés e usar os quadris para gerar alavancagem."

Cowens pode não ser um artista marcial treinado, mas seus pensamentos sobre como usar adequadamente posicionamento e estrutura para ganhar vantagem é um reflexo próximo da Teoria da Linha Central do Kung Fu.

"Eu chamo isso de estar centrado, jogando do meio da quadra. Como a âncora ali, você pode ver tudo acontecendo ao seu redor, e você pode se mover para qualquer lado, esquerda ou direita, para responder no menor tempo possível. Isso te dá uma presença geral de sempre ser capaz de ficar no caminho de um oponente. Acredito que a capacidade de gerar uma resposta poderosa vem do centro, do seu núcleo."

A avaliação do Campeão de como se destacar na quadra aparentemente também se aplica à vida.

"São os três Cs com certeza," disse Cowens. "Eles são Concentração, Consistência e Confiança—e saber o que você pode fazer, e o quanto você trabalhou duro para se preparar para fazê-lo, trará ainda mais confiança."

Aplicações na Vida

▶ Você está caminhando em uma calçada da cidade lotada e congestionada com pessoas seguindo em ambas as direções. Atrás de você, você está puxando um pequeno carrinho cheio de compras. É quando você decide empurrar o carrinho à sua frente, em vez de puxá-lo por trás. Quase magicamente, um caminho livre se abre à sua frente, conforme pessoas caminhando na direção oposta veem seu carrinho e naturalmente dão um passo para o lado.

- Você machucou um músculo nas costas que tem sido lento para curar completamente. Então em vez de fazer flexões com seu corpo paralelo ao chão, você as faz em um ângulo inclinado enquanto se apoia em um banco do parque, diminuindo a carga naquele músculo.

- Enquanto espera em um ponto de ônibus em um bairro desafiado pelo crime de rua, você inicia uma conversa com a pessoa esperando ao seu lado para dar a impressão aos transeuntes de que você não está sozinho.

- À medida que seu filhote amadureceu e se tornou um cão adulto, os puxões durante os passeios diários ficaram mais difíceis de controlar. Por isso, você decide participar de uma sessão de treinamento em um parque local para aprender a conduzir seu cão corretamente ao caminhar ao seu lado.

"O que observamos como corpos materiais e forças não são nada além de formas e variações na estrutura do espaço."

Erwin Schrodinger, o pai da mecânica quântica

CAPÍTULO 6

MANTENDO O EQUILÍBRIO E ENCONTRANDO UM CAVALO

"A vida é como andar de bicicleta. Para manter seu equilíbrio, você deve continuar se movendo."

— Albert Einstein, físico teórico alemão

O equilíbrio é uma característica extremamente importante para o sucesso em praticamente qualquer área. Sem ele, lutamos tanto contra nós mesmos quanto contra o oponente, enquanto a gravidade também impõe seu desafio.

Atributos Físicos

Sem o devido equilíbrio, você não pode se defender nem atacar um oponente com real habilidade. Como se pode alcançar um equilíbrio adequado no Kung Fu? Bem, assim como alcançar equilíbrio na vida, a resposta é dedicação. O equilíbrio é algo que exige trabalho e prática para alcançar verdadeira regularidade. De fato, os praticantes de Kung Fu preferem não atacar um oponente que, no momento, esteja no controle do próprio equilíbrio. É muito mais eficaz primeiro afetar o equilíbrio do oponente, comprometendo sua capacidade de defesa, antes de atacar.

Dois oponentes igualmente habilidosos, ambos em posse do próprio equilíbrio, devem ser capazes de se defender contra as técnicas um do outro, resultando em um impasse teórico e muita energia desperdiçada. Isso não é o que buscamos em uma arte marcial baseada na eficiência, como o Wing Chun.

Sim, a falta de equilíbrio pode tornar suas técnicas ineficazes. Mas o oposto também é verdadeiro. O uso de uma técnica mal executada pode afetar negativamente seu equilíbrio, especialmente se você for travado pelo oponente, que controla sua distância crítica, fazendo com que seus artelhos percam contato com o chão. No combate, equilíbrio adequado e técnica bem formada estão profundamente interligados.

Primeiramente, deve-se concentrar em construir e melhorar o equilíbrio por meio de exercícios de treinamento. Inicialmente, comece com exercícios estáticos e, em seguida, integre o treinamento em movimento.

Exercícios estáticos incluem praticar Siu Nim Tau até que se torne uma parte inata sua. A forma nos ensina a manter os ombros alinhados, as costas retas e a pelve encaixada sob a coluna, evitando que nos inclinemos para frente.

Em algum momento, pode-se até tentar executar o Siu Nim Tau em uma perna, posição conhecida como Postura do Galo[17], imitando uma ave de pé livre.

O equilíbrio também é aprimorado com o desenvolvimento de uma postura de cavalo forte, como se estivesse montado em um cavalo, abaixando o centro de gravidade para aumentar a pressão sobre as pernas.

Ao treinar uma postura de cavalo profunda, descendo cada vez mais e mantendo a posição o máximo possível (caso não esteja realizando o Siu Nim Tau), certifique-se de envolver também as mãos. Por exemplo, lançar socos na Linha Central testará sua capacidade de manter o equilíbrio e não inclinar-se para frente na direção da energia liberada.

Para trabalhar o equilíbrio em movimento, posicione as mãos em Jong Sau, a posição de guarda. Se não houver um parceiro de treino

17 Em cantonês, Gam Gai Duk Lap 金雞獨立, ou seja, o "Galo Dourado Posiciona-se em Uma Perna"

disponível, imagine um oponente e mantenha sempre sua guarda apontada para o centro dele. Deslize os pés, que nunca devem perder contato com o chão, para permanecer continuamente voltado para o adversário. Alternar as mãos de vanguarda, mudando da direita para a esquerda, adiciona um pouco mais de impulso para ajudar a garantir o equilíbrio.

Para uma demonstração visual, acesse o QR Code e assista o vídeo 5 **William Moy: Equilíbrio em Movimento e Jong Sau**

Muitos alunos de outras artes marciais ou esportes como tênis, basquete, futebol e luta livre frequentemente perguntam sobre a distribuição de peso e o equilíbrio. Eles querem saber se o peso deve ser distribuído 50-50 ou 60-40 entre a perna da frente e a de trás. Meu pai nunca gostou de lidar com essas porcentagens, pois achava que isso tornava o processo de equilíbrio excessivamente técnico. E eu concordo.

O verdadeiro equilíbrio é alcançado quando o centro de pressão dos pés está localizado no meio das solas. Para facilitar isso, é importante usar os joelhos de maneira eficaz. O grau de flexão dos joelhos determina a distribuição do peso sobre os pés. Maior flexão desloca mais peso para a parte frontal do pé, enquanto menor flexão resulta em mais peso sobre o calcanhar. O equilíbrio está sempre mudando e se ajustando. Por isso, precisamos ser dedicados e atentos em nossa abordagem para mantê-lo.

(Da Minha Vida) Ansioso Demais

Durante meus primeiros anos de treinamento sob a tutela de meu pai, eu esperava ansiosamente alcançar um estágio em que pudesse usar meu Kung Fu em movimento, em vez de apenas fazer exercícios estáticos. Isso é algo que confronta todo iniciante: o desejo acelerado de executar o que percebem como o verdadeiro Kung Fu.

Em outras artes, como boxe, taekwondo, karate e jiu-jitsu, os novatos já estão diretamente envolvidos, treinando e até mesmo lutando logo no início da sua aprendizagem. Mas no Wing Chun não é assim, pois primeiro é necessário mudar a mentalidade e a reação física, passando da força para a sensibilidade.

Finalmente, minha hora chegou. Fui autorizado a entrar em um novo estágio do treinamento chamado Toei Ma, que significa "empurrar o cavalo". Seu parceiro de treino não está empurrando você para fora do seu lugar com força, mas sim com suas técnicas refinadas e bom timing.

Por não ter a mesma experiência geral, eu não conseguia controlar e defender meu centro com as mesmas técnicas. Eles me moviam, empurrando-me para fora da minha base como se eu fosse um boneco de pano.

Tudo porque eu ainda não havia dominado a combinação de manter um bom equilíbrio com uma base forte, nem as técnicas adequadas para proteger meu centro.

Minha confiança ficou um pouco abalada. Esse era o estágio que eu queria alcançar há tanto tempo? Algo pelo qual eu praticamente implorei ao meu pai?

Hoje, frequentemente vejo a mesma reação em meus alunos quando eles avançam para o Toei Ma. O olhar em seus olhos de repente se torna de total desorientação e dominação, como se todo o trabalho árduo até aquele momento tivesse sido em vão.

Pode ser um olhar que comunica um pensamento preocupante. "Será que tenho o que é necessário para ter sucesso no Kung Fu?"

É por isso que, antes de levar um aluno a esse estágio, tenho uma conversa com ele. Explico exatamente como será, reunindo tudo o que aprenderam com algo totalmente novo. Como pode ser necessário reavaliar seu progresso voltando aos fundamentos para corrigir suas deficiências.

Se um aluno for desistir e abandonar o tempo que investiu aprendendo a arte, geralmente isso acontece durante o Toei Ma.

Quanto a mim, meu pai era o patriarca de sua própria família Kung Fu, então eu não iria a lugar nenhum, a menos que decidisse fugir de casa para me juntar a um circo. E, muito provavelmente, meu equilíbrio ainda não seria bom o suficiente para isso.

No final, voltei ao Siu Nim Tau para melhorar minha postura de cavalo, entendendo como ela precisava ser ativada para ganhar vida e aplicar sua força em movimento. Comecei a fazer sua seção de abertura ainda mais devagar, levando mais de 20 minutos com o Taan Sau e Fuk Sau, deixando uma vareta inteira de incenso queimar com cada repetição. Era como escalar a montanha novamente desde o início. Mas esse processo de dedicação me levou aonde eu queria chegar. Primeiro, dominando o Toei Ma e, eventualmente, avançando além dele.

"Concentre-se em estar equilibrado - o sucesso é equilíbrio."
Laila Ali, campeã de boxe feminino

Vida e Ventos em Mudança

Ninguém espera que você desenvolva subitamente o equilíbrio de um equilibrista, atravessando um fio fino esticado entre dois arranha-céus sem uma rede de segurança abaixo. Isso é um extremo.

Mas o equilíbrio está entre os conceitos centrais do Kung Fu, e estudar essa arte provavelmente aprimorará esse atributo em você. Com sorte, isso o inspirará a refinar o equilíbrio em outras áreas da sua vida também.

Por exemplo, muitos de nós têm dificuldade em equilibrar a vida profissional e pessoal. Com mais pessoas trabalhando em home office desde a pandemia de Covid-19, a linha entre trabalho e casa pode, às vezes, se tornar um tanto borrada. Uma pausa de 45 minutos para o almoço se transforma em uma caminhada de três quilômetros com seu cachorro em um dia bonito, quando você realmente não quer ficar dentro de casa? Ou ter seu computador na ilha da cozinha significa que a tentação de finalizar aquele relatório final de vendas o fez atrasar em uma hora o preparo do jantar para uma família faminta?

Você continuará seguindo uma dieta equilibrada, ou as próximas refeições festivas com a família ampliada jogarão seus melhores esforços em total desordem? E quanto ao seu portfólio de aposentadoria? Está devidamente equilibrado para o longo prazo, com uma pequena variedade de ações mais dinâmicas, mas muito mais títulos estáveis? Ou aquele novo podcast de investimentos o levará a fazer alocações mais arriscadas?

E, mais importante, você será capaz de se apoiar na família e nos amigos nos momentos mais difíceis, encontrando equilíbrio quando mais precisar?

Quer ver o equilíbrio em ação? Assista a qualquer jogo de futebol americano e espere o ataque se posicionar na Linha de Scrimmage[18] com uma formação desequilibrada, geralmente sobrecarregando o lado direito ou esquerdo com mais poder de bloqueio. Serão apenas alguns segundos antes que a bola seja lançada para o quarterback e a jogada entre em movimento. Esse é o tempo que a defesa tem para se ajustar, restaurando o equilíbrio do seu esquema.

Claro, você também precisará manter os olhos no equilibrista. Muitos ajustes precisarão ser feitos sempre que um vento inesperadamente forte surgir.

---

18 A Linha de Scrimmage é um termo do futebol americano que se refere à linha imaginária onde a jogada começa. Ela marca o ponto onde a bola está posicionada antes do início da jogada.

(Kung Fu Natural) Andarilho Celestial

Denis Josselin é um dos maiores equilibristas do mundo. Então, naturalmente, você pensaria que o equilíbrio vem facilmente para o atleta francês. Mas não é bem assim. "O ouvido interno é um dos centros do equilíbrio. Sou surdo de um ouvido e tenho dificuldade de audição no outro. Como resultado, não tenho equilíbrio. Quando fico em um pé só, caio", observa Josselin. "Não estou trabalhando o equilíbrio. Estou brincando com meus desequilíbrios. A força, o respeito e uma visão melhor de si mesmo estão em aceitar as próprias fraquezas, não em enfatizar as chamadas habilidades."

Josselin treina iniciantes na arte de caminhar sobre a corda bamba há mais de duas décadas. Como ele os ensina? "Faço com que trabalhem sua respiração, sua mente e sua positividade. O mais difícil para essas pessoas é se desconectar do cérebro (e do excesso de pensamento) para se reconectar com o instinto e confiar nele.

Exercícios simples de respiração e visualização podem reduzir o estresse, aliviar tensões, restaurar a calma e energizar. A positividade, por meio da transformação de pensamentos negativos e inibidores, quando praticada regularmente, pode trazer enormes benefícios tanto no nível mental quanto físico."

Assim como no Kung Fu, o conceito de estrutura é incrivelmente importante para o equilibrista. Não apenas para manter a estrutura corporal perfeita enquanto se equilibra no fio, mas também na estrutura do próprio equipamento. "Acima de tudo, é necessário tempo para os aspectos técnicos: como garantir que todas as instalações suportem as múltiplas forças mecânicas e encontrar pontos de ancoragem suficientemente fortes nos prédios.

Por exemplo, de que equipamento precisarei? Que tipo de corda usarei? Quantos metros de cabos de sustentação (cordas instaladas perpendicularmente ao fio para estabilização) serão necessários?" disse Josselin, que também pratica exercícios chineses de Qigong, baseados no princípio das artes marciais de conectar mente, corpo e espírito.

Qual é o foco de Denis Josselin quando está realmente caminhando pelo fio, muito acima das multidões? "Para que um equilibrista tenha sucesso, sua concentração deve estar no auge. Ele precisa estar em um estado de graça sublime, operando a mais de duzentos por cento de sua capacidade.

O equilibrista tem que estar presente, o mais calmo e confiante possível. Tudo se resume à força interior, à força mental. Ele precisa ser um para-raios para qualquer energia negativa. Ele não tem o direito de ter pensamentos negativos ou dúvidas. Deve estar totalmente no momento, ciente dos riscos, mantendo a humildade e a positividade para combater a arrogância do ego."

Perspectiva de Paul: Jenga da Vida Real?

Já se perguntou como seria jogar uma partida de Jenga contra um mestre de Kung Fu? Você sabe, aquele jogo que consiste em empilhar 54 pequenos blocos de madeira, cada um três vezes mais longo que largo e um quinto tão grosso quanto seu comprimento.

Quando a designer britânica de jogos de tabuleiro Leslie Scott inventou Jenga — uma palavra suaíli que significa "construir" — em 1983, ela provavelmente não estava considerando o que alguém tão imerso no equilíbrio pessoal, como um artista marcial, poderia trazer para a disputa.

Quanto mais alta ficasse, a torre de madeira de um mestre de Kung Fu oscilaria menos por causa de suas habilidades marciais? Equilíbrio, toque e sensibilidade estariam totalmente a seu favor, tornando-o incrivelmente difícil de derrotar? É uma questão interessante para debate.

Mas mesmo que um mestre conseguisse transferir suas habilidades marciais para o jogo, ele ainda enfrentaria os mesmos dilemas que todos nós. Veja, ninguém pode realmente jogar esse jogo sozinho. Assim como na vida, precisamos considerar as ações dos outros em relação às nossas próprias.

Se nosso oponente no Jenga fizer o que consideraríamos uma jogada ruim, mas a torre não cair, cabe a nós lidar com uma situação delicada. Isso pode acontecer da mesma forma na vida — na rua, na escola, no trabalho ou em casa. As ações de outra pessoa podem colocar nosso equilíbrio, tanto físico quanto mental, em circunstâncias extremamente desafiadoras, que podem surgir a qualquer momento.

Esse é o teste do jogo e o teste da vida para todos, quer você tenha dedicado tempo para aprimorar e fortalecer seu equilíbrio ou não.

Aplicações na Vida

- Você passou meses tentando equilibrar corretamente um quadro pendurado em um único gancho na parede da sua sala de estar. Mas parece que, dia sim, dia não, o quadro inclina, e você precisa endireitá-lo. Finalmente, você decide adicionar um segundo gancho para maior suporte. E nunca mais precisou lidar com o problema.
- É a época mais movimentada da sua empresa, e você tem trabalhado quase 60 horas por semana nos últimos dois meses. Você até começou a trabalhar nos fins de semana por conta própria. Como resultado, tem se tornado cada vez mais impaciente em casa. É quando seu parceiro(a) decide sentar com você para uma conversa séria sobre encontrar um equilíbrio mais adequado entre trabalho e família.
- Após uma cirurgia no joelho, você usa uma bengala por várias semanas para manter-se equilibrado, evitar quedas e reduzir o risco de machucar o joelho novamente.
- O ponto forte do seu jogo de tênis é o seu saque potente. Então, quando chega a hora de escolher um parceiro para o torneio de duplas local, você seleciona alguém com habilidades que complementam perfeitamente as suas, criando uma dupla equilibrada: um jogador com golpes de direita e esquerda sólidos.

"Quando estou ouvindo, procuro um equilíbrio que possa ser visto em qualquer coisa. Seja em uma grande pintura, um edifício ou um pôr do sol."

— Rick Rubin, produtor musical e executivo

Bloqueando o Ruído

A natural de Ohio Kayla Harrison é uma lutadora profissional de artes marciais mistas. Antes de se tornar profissional, conquistou duas medalhas de ouro no judô, uma nas Olimpíadas de Londres em 2012 e outra nas Olimpíadas do Rio em 2016.

A arte japonesa do judô se traduz como o "caminho suave", sendo a chave para o sucesso manter seu equilíbrio enquanto ataca o equilíbrio do oponente.

"Judocas são capazes de se controlar em quase todas as situações. Por causa do treinamento rigoroso e de todo o trabalho que faço, é muito difícil me desequilibrar na vida," observou Harrison, que, como sobrevivente de abuso sexual, fundou a The Fearless Foundation para ajudar outras pessoas a encontrar seu melhor caminho na jornada de recuperação.

Na final da categoria 78kg das Olimpíadas de Londres 2012, foram as vozes dos espectadores presentes que tentaram tirar Kayla do eixo em sua busca pela vitória. Ela enfrentou a favorita da torcida, Gemma Gibbons, uma londrina que cresceu a poucos quilômetros da North Arena, onde as duas competidoras se enfrentaram. "Gemma! Gemma!" gritava o público em apoio à sua heroína local.

Mas a concentração absoluta de Kayla Harrison bloqueou praticamente todos os decibéis de distração externa. Focada em controlar o ritmo da luta e manter sua oponente desequilibrada, Harrison ajustava sutilmente seu ritmo, alternando de moderado para lento, depois para rápido e diversas variações entre eles, esperando uma abertura onde pudesse explodir em velocidade supersônica.

"O jogo é sobre encontrar as aberturas e aproveitá-las. Se você tenta forçar as coisas, vai gastar muita energia. Para mim, o judô é um esporte de finesse, a arte de usar o momentum do seu oponente contra ele. Mude a velocidade dos movimentos. Alterne os ritmos. Então, quando houver uma abertura, exploda e, com sorte, consiga um belo golpe," disse Harrison. E foi exatamente isso que a então atleta olímpica de 22 anos fez para garantir sua vitória.

Harrison derrotou Gibbons por 2 a 0 com duas técnicas extremamente rápidas e impulsionadas pelo momento certo—uma no início da luta e outra dentro dos 90 segundos finais do combate de 4 minutos. Com isso, ela se tornou a primeira judoca americana a subir ao topo do pódio olímpico e ouvir o Hino Nacional dos Estados Unidos.

CAPÍTULO 7

NOÇÃO DA DISTÂNCIA E ANGULAÇÃO

"Vê-se qualidades à distância e defeitos de perto."
— Victor Hugo, escritor e político francês

Saber como controlar a distância ajudará a criar limites apropriados em sua vida. Seja no combate ou em situações do cotidiano, a decisão de permitir que essa distância diminua ou aumente deve sempre depender de suas observações bem fundamentadas.

Atributos Físicos

Um conceito fundamental que conecta diversas artes marciais é o da distância, e ele está no cerne do Wing Chun Kung Fu. Durante décadas, alunos me perguntaram: "Si Fu, em que momento eu preciso me defender? Quando devo decidir atacar ou chutar alguém?"

A resposta é bastante direta: defesa/ataque ocorre sempre que alguém que representa uma ameaça imediata entra na sua distância crítica.

Mas como determinar sua distância crítica?

Basta estender ambos os braços à frente. Alguns centímetros além da ponta dos seus dedos devem ser considerados o limite mais externo para ser atingido por um soco. Porém, se o seu agressor for significativamente mais alto, adicione alguns centímetros extras a essa medida. Ninguém que tenha a intenção de lhe causar dano deve entrar nesse espaço com "livre acesso". Essa é uma área que ele precisa conquistar.

Compreender sua distância crítica e outras distâncias relevantes é o que chamamos de "noção de distância", algo que você precisará trabalhar e refinar para fortalecer seu Kung Fu. Isso inclui tanto o momento em que um oponente entra no seu alcance quanto o momento em que você sai do alcance dele para evitar ser atacado.

Lembre-se: a distância crítica para chutar ou ser chutado normalmente se estende cerca de 45 cm além da zona de soco/golpeamento, já que a perna é mais longa que o braço.

Muitas vezes, você preencherá boa parte da sua distância crítica com seu Jong Sau (Posição de Guarda), instruindo o agressor a "manter distância!". Oponentes que tentam se aproximar demais, talvez com o punho preparado para atacar, podem acabar caminhando diretamente para suas mãos prontas para reagir.

Além disso, um adversário com má noção de distância pode julgar sua guarda estendida como sendo seu corpo, iniciando um ataque antes de realmente alcançá-lo. Sim, nesse cenário, o agressor lançará o primeiro soco.

No entanto, ele ainda não terá invadido sua distância crítica, o que lhe dará tempo e oportunidade para mudar o ângulo, geralmente movendo-se para fora do alcance do golpe.

Mas por que mudar de ângulo é tão importante no Kung Fu? Porque isso lhe permite assumir uma posição muito mais vantajosa — uma em que seu atacante está exposto ao seu centro, mas você não está no centro dele. A partir desse ângulo superior, você terá todas as chances de neutralizar a ameaça de maneira rápida e eficaz.

Para uma demonstração visual, acesse o QR Code e assista o vídeo 6 **William Moy: Distância Crítica e Angulação**

[Da Minha Vida] Encontro Inesperado

Durante minha juventude, eu gostava de sair à noite nos fins de semana. Na época, como muitas pessoas da minha idade, eu frequentava clubes de música e dança em Manhattan. E embora eu não tenha um gosto particular por álcool e raramente o consuma, gosto de estar perto de pessoas se divertindo, especialmente meus amigos, e compartilhar com eles a atmosfera de festa.

Claro, transitar entre diferentes bairros tarde da noite traz seus próprios desafios. Os bairros variam em sua capacidade de manter residentes e visitantes seguros nas ruas. É preciso levar em conta a taxa de criminalidade, o uso de drogas e até mesmo a presença de gangues ao caminhar por uma área da cidade com a qual você não está muito familiarizado. E para agravar essa equação potencialmente negativa, eu geralmente estava nessas situações sob a cobertura da escuridão.

Em uma dessas noites, eu havia acabado de sair de um clube e estava caminhando sozinho para pegar meu carro estacionado. A calçada à minha frente estava relativamente vazia quando avistei um homem vindo em minha direção. Ele cambaleava um pouco e parecia instável, como se estivesse embriagado. Descartei-o como inofensivo. Mas quando cheguei ao alcance do seu braço, ele subitamente agarrou a lapela da minha jaqueta. Sua outra mão estava enterrada dentro do bolso. Ele me disse que tinha uma arma antes de gritar: "Me dê todo o seu dinheiro!"

Apesar de meus anos de treinamento em Kung Fu, cometi o erro clássico de permitir que esse estranho, em um local e momento em que eu deveria estar muito mais atento, invadisse minha distância crítica, aproximando-se o suficiente para me comprometer.

No meio desse erro evidente, no entanto, rapidamente recuperei meu foco. Entendendo que ele não poderia me acertar com a mão presa à minha lapela, concentrei-me na mão oculta dentro do bolso.

Permaneci pronto para atacar seu rosto, ainda incerto se ele realmente possuía uma arma. Felizmente, com apenas algumas palavras, consegui convencê-lo de que estava disposto a obedecer à sua exigência.

Assim que ele soltou minha gola, saltei para trás, restabelecendo uma distância segura para me defender de um possível ataque desarmado. Mas ainda precisava considerar a possibilidade de que ele tivesse uma faca ou até mesmo uma arma de fogo. Então, comecei a correr, e ele decidiu me perseguir. Nesse momento, fui direto para o meio da rua, gritando o que estava acontecendo para que outras pessoas pudessem ouvir e prestar atenção. De certa forma, mais olhos e ouvidos na situação significavam maior segurança.

Eu era rápido, mas meu agressor também era. Sem querer perder a visão da situação, virei-me para encará-lo. Com a adrenalina correndo pelo meu corpo, adotei uma postura defensiva, ergui minhas mãos na posição de guarda do Jong Sau e gritei: "Vamos!"

Felizmente, o homem mudou abruptamente de direção e correu para longe, descendo a rua.

Quando finalmente me sentei dentro do meu carro, com as portas trancadas, me avaliei criticamente. Sim, eu havia perdido o controle da minha distância crítica. Essa foi uma lição aprendida da maneira difícil. Mas rapidamente consegui restabelecer essa distância ao permanecer calmo e confiar no meu treinamento.

Não fiquei exatamente satisfeito comigo mesmo, mas podia viver com o desfecho da situação.

Na noite seguinte, decidi ficar em casa.

"A menor distância entre dois pontos está em construção."
— Leo Aikman, historiador e jornalista

Guerreiros de Fim de Semana

Suponha que você esteja correndo pela rua. A meia quadra à sua frente, alguém está segurando um pequeno cachorro na coleira. A pessoa com o cachorro está conversando com outra e não percebe que você está se aproximando. Mas o cachorro certamente vê você chegando e parece muito animado com sua chegada iminente. Ele solta um latido agudo, e o dono aperta a coleira. O tráfego na rua está intenso, então desviar para o asfalto não é uma opção.

Você está em um bom ritmo de corrida e preferiria não desacelerar. Então, começa a observar o comprimento da coleira. Você já encontrou esse cachorro antes e sabe que ele adora pular—e tem garras afiadas. E hoje de manhã, você está de pernas descobertas, vestindo shorts de corrida.

Será que você conseguirá passar sem arranhões? Ou passará tão perto que conseguirá dar um merecido carinho na cabeça do cachorro ao passar correndo? Ou mais tarde estará aplicando antisséptico nas pernas por causa dos arranhões?

Bom, tudo depende da sua capacidade de julgar a distância corretamente.

Talvez você seja um grande rebatedor no time de softbol da sua empresa. Na verdade, nas últimas duas temporadas, você liderou a liga comercial local em *home runs*[19]. No entanto, este ano, seus home runs praticamente desapareceram. Você está acertando a parte inferior da bola em quase todas as rebatidas, tentando aumentar o ângulo de lançamento para mandá-la por cima da cerca do campo externo. Mas a margem de erro é pequena ao tentar aumentar esse ângulo, e agora você está rebatendo pop-ups[20] no campo interno com frequência preocupante. Então, o treinador do seu time se apro-

19 No softbol, um home run acontece quando um jogador rebate a bola para fora do campo de jogo, sobre a cerca do campo externo, em território válido (fair ball). Isso permite que o rebatedor e qualquer outro corredor em base completem uma volta completa pelas bases e marquem pontos automaticamente, sem risco de eliminação.

20 Pop-up é um tipo de rebatida em que a bola sobe quase verticalmente, sem viajar uma grande distância horizontalmente.

xima com uma sugestão: reduza substancialmente o ângulo do seu swing. Fazendo isso, você conseguirá acertar mais rebatidas em linha reta, que podem carregar a bola facilmente para um home run, e evitará tantos pop-ups.

Ou considere esta situação: Você pode não ser uma estrela no *pickleball*, mas seu treinamento em Kung Fu lhe deu uma sólida compreensão sobre distância e ângulos. Você está jogando em duplas, e o super-sacador do time adversário está cortando a bola em um ângulo acentuado para a esquerda. Seu parceiro, que já está com dificuldades para devolver esses saques, está jogando muito atrás da linha de base e meio passo à direita.

Então, você pede um rápido tempo técnico e instrui seu parceiro a dar dois passos à frente e um para a esquerda, criando uma posição mais eficiente para equilibrar a relação entre distância e ângulo em relação ao saque adversário. Agora isso sim é trabalho em equipe!

(Kung Fu Natural) Prestando Atenção

Lea Page tem um incrível olhar Kung Fu para detalhes, especialmente quando ela está caminhando. Lea, que está em seus 60 anos, vive no Estado de Big Sky de Montana e caminha 3 a 11 quilômetros por dia quando está em casa.

É claro que, nessas caminhadas bastante rotineiras, sua mente pode vagar um pouco para as necessidades de sua família ou qualquer número de tarefas diárias ainda a serem realizadas. Mas para Lea, caminhar em novos arredores significa focar intensamente, estar no presente e observar cada detalhe.

Em 2022, Lea viajou dos Estados Unidos para a França para caminhar uma trilha de 1.600 quilômetros... sozinha! É referida como a Via Francigena, um caminho que se estende de Canterbury a Roma e Santa Maria de Leuca.

"Levou 2 meses para completar, caminhando aproximadamente

32 quilômetros por dia, do início da manhã até cerca de 14h ou 15h, antes que ficasse muito quente," disse Lea, que havia previamente completado uma jornada solo similar na Espanha.

Qual era o cerne de fazer tal jornada?

"Era sobre notar e prestar atenção. E quando você realmente presta atenção, você descobre que há muita coisa acontecendo," observou Lea. "Tudo que você vê e ouve é novo. Então você está focado em absorver tudo e não pensar. Foi provavelmente o maior período de tempo em minha vida que estive completamente no presente, sem minha mente vagando para algo como uma lista de compras."

Como mulher, Lea sentiu medo ao caminhar sozinha por caminhos desolados em um país estrangeiro?

"Definitivamente, houve medo, mas não da forma que você imagina. Meu maior receio era tomar o caminho errado", disse Lea. "Quanto a ser uma mulher e caminhar sozinha — essa é a realidade de muitas mulheres. Cresci em Washington, D.C., e, voltando para casa depois de um turno noturno como garçonete no ensino médio para economizar dinheiro para a faculdade, aprendi a projetar aquela postura de 'não se meta comigo'."

Lea está atualmente planejando futuras caminhadas de longa distância em novos ambientes, novamente com o plano de estar completamente concentrada em cada detalhe potencial.

Perspectiva de Paul: Distância, Tempo e um Melhor Ângulo

Era o nosso jogo semanal de basquete, formado por um núcleo forte de jogadores que competiam entre si há mais de uma década. Um desses jogadores, um cara extremamente gente boa e alguém que eu considerava um amigo, lutava constantemente contra sérios problemas de raiva. Se houvesse uma briga ou uma discussão acalorada na quadra, as chances eram grandes de que ele estaria envolvido.

Naquela noite, Angry Bob[21] apareceu depois de beber algumas cervejas. Quem montou os times para aquele jogo em específico escolheu com o coração, e não com a cabeça, porque um dos times era claramente superior ao outro. Angry Bob estava no time que estava sendo massacrado no placar. E ele ficava mais irritado a cada cesta do time adversário—do qual eu fazia parte.

Angry Bob começou a empurrar e brigar com um dos meus companheiros de time enquanto corríamos pela quadra. A situação estava ficando feia, e eu estava convencido de que os dois iriam acabar brigando de verdade.

"Nós só estamos brigando porque você está perdendo", disparou meu companheiro de time, envolvido na crescente confusão.

Foi então que Angry Bob disse: "Já cansei de você! Agora vou marcar o Paul!"

Fiquei aliviado ao ouvir isso. Agora poderíamos terminar aquele jogo desequilibrado e evitar a briga iminente. Um segundo depois, Bob, agora na minha frente, olhou para o céu e

21 Angry Bob é o nome fictício dado pelo coautor para omitir o nome real de seu companheiro de jogo. Seria o equivalente a Beto Estourado em português.

gritou: "Não vou mais aguentar isso!" Para minha surpresa, ele decidiu desferir o soco que estava entalado dentro dele em mim.

Depois de tantos treinos com Si Fu William Moy, eu já havia visto tantos socos bem executados que o golpe de Angry Bob parecia lento e desajeitado. Apesar de ele já estar dentro da minha distância crítica—algo que acontece o tempo todo quando você pratica esportes—eu desviei para o lado e me reposicionei levemente fora do seu ombro, agora com Bob alinhado na minha linha central e meu contra-ataque já em movimento.

No breve instante antes do meu punho acertar o rosto dele, senti pena de reagir com força contra um amigo, ainda por cima embriagado. Então, no último instante, abri a mão e empurrei sua região alta do pescoço com a palma. Bob voou para trás cerca de dois metros antes de cair no chão.

Mas ele saltou de volta imediatamente, avançando novamente contra mim, parando a poucos centímetros da minha guarda levantada em Jong Sau. Esse é o problema de pegar leve com um agressor: agora talvez você precise reconquistar a posição de vantagem para se defender de novo.

Ele estava tomado pela fúria. Mas eu me mantive calmo, sem demonstrar emoção alguma. Apenas foquei em seu corpo como um todo, com uma expressão neutra, esperando que ele fizesse o próximo movimento. Foi nesse momento que alguém colocou a bola de volta em jogo, e meu time marcou a cesta da vitória.

Angry Bob não deu mais nenhum passo em minha direção. Em vez disso, saiu da quadra e se sentou em um banco próximo, onde começou a me xingar e praguejar. Por vários minutos, ele murmurou como um vulcão prestes a entrar em erupção.

Fiquei à distância, provavelmente uns 12 metros dele, ainda parado na quadra.

Então esperei e esperei Angry Bob gastar sua energia. Ele me ameaçou verbalmente e me xingou por quase cinco minutos seguidos, usando as palavras mais grosseiras e absurdas que você pode imaginar, até que, finalmente, se calou.

Foi então que engoli meu orgulho e me aproximei dele no banco.

"Me desculpe por isso", disse com voz calma. "Eu nunca deveria ter colocado as mãos em você. Sei que tudo isso foi porque você estava bravo com o outro cara. Isso não tinha nada a ver comigo."

"Tudo bem, Paulie", respondeu ele, se levantando para ir embora. "Valeu. Eu aceito seu pedido de desculpas."

Às vezes, a realidade precisa ser reinterpretada para evitar conflitos sérios e duradouros.

Se demonstrei um mínimo de bom Kung Fu nesse encontro, foi ao manter minha distância de Bob enquanto ele estava descontrolado no banco, esperando aquele momento crítico passar. E, depois, mudando meu ângulo para abordar a situação com palavras tranquilizadoras e inesperadas.

Aplicações na Vida

- Sua comunidade está dividida sobre a abertura de um abrigo para pessoas em situação de rua na Rua Principal. Você ainda não tem uma opinião formada sobre o assunto. Então, aceita um convite para conhecer alguns dos moradores do abrigo, na esperança de que isso lhe dê uma perspectiva melhor.

- Você avista nuvens de tempestade se aproximando e logo depois vê um raio. Cinco segundos depois, ouve o trovão ecoando. Com isso, você sabe que o centro da tempestade ainda está aproximadamente a uma milha de distância.
- Na maioria dos municípios, é ilegal estacionar a menos de 4,5 metros de um hidrante. Isso garante que os bombeiros tenham espaço suficiente para acessar o hidrante em caso de emergência.
- Durante a pandemia, muitas empresas precisaram se reinventar, ajustando as estratégias e mudando a forma como alcançavam e atendiam seus clientes.

"Olhe para as situações de todos os ângulos, e você se tornará mais receptivo."

— Dalai Lama

Outro Trio de Novas Técnicas

Para entender completamente os exercícios de Kung Fu apresentados no próximo capítulo, você precisará estar familiarizado com mais um trio de técnicas fundamentais.

► *Paak Sau* (Mão que Limpa com Palmada): normalmente vem naturalmente para os iniciantes, pois bloquear é algo que fazemos a vida inteira. No Wing Chun, utilizamos a palma da mão, muitas vezes em forma de concha, para desviar um ataque, deslocando um golpe ligeiramente para fora da linha central e além do nosso corpo. Ele geralmente é aplicado ou entra em contato logo acima do pulso do atacante, ou até mesmo diretamente no cotovelo, em algumas aplicações específicas.

► *Lap Sau* (Mão que Limpa com Agarramento): é aplicado ao segurar o braço do oponente, normalmente logo acima do pulso, antes de puxá-lo para baixo e para fora do centro, desestabilizando o equilíbrio do atacante. Após a pegada e o puxão subsequente, soltamos imediatamente o membro para manter a liberdade de atacar e defender com ambas as mãos.

► *Jat Sau* (Mão que Limpa com Desobstrução): é uma técnica de deflexão curta e precisa, que frequentemente nasce a partir de um Fuk Sau. Os dedos alinhados são erguidos verticalmente, criando uma tensão descendente no punho, capaz de interromper e ancorar diversos ataques, incluindo socos. Quando totalmente formada, essa técnica se assemelha a um Wu Sau.

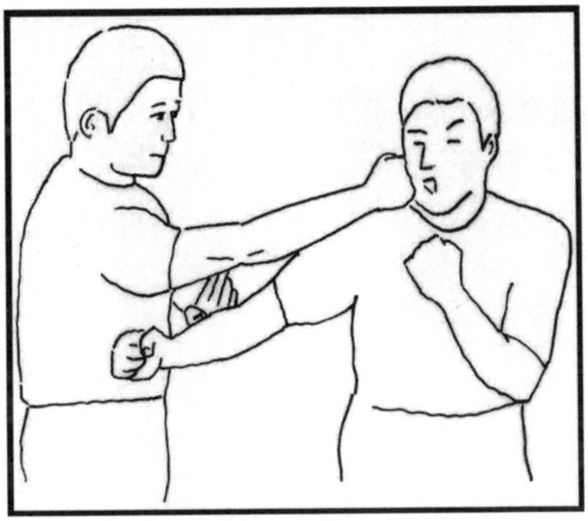

Paak Sau

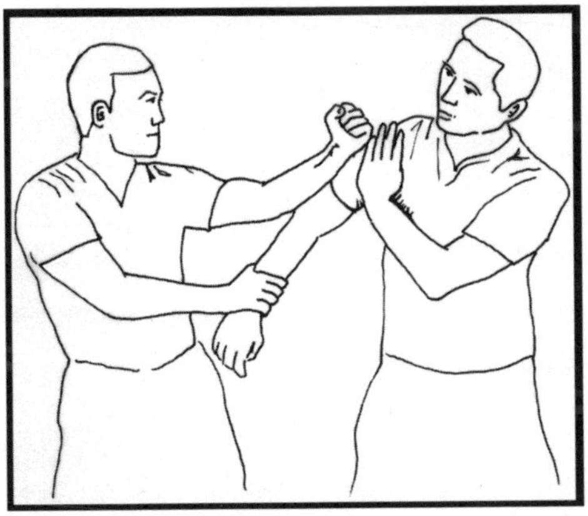

Lap Sau

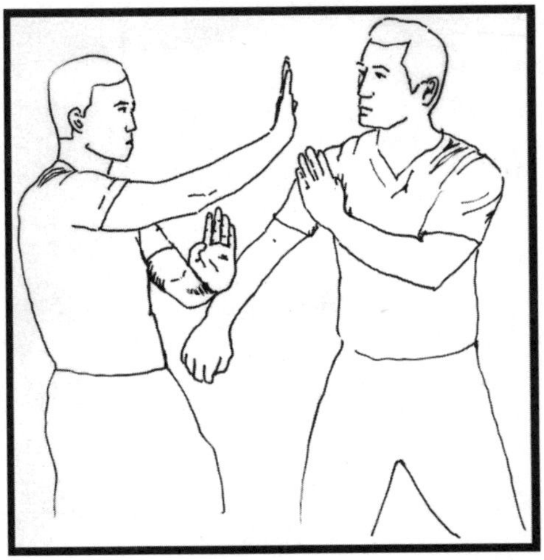

Jat Sau

Para uma demonstração visual, acesse o QR Code e assista o vídeo 7 **William Moy: Paak Sau, Lap Sau e Jat Sau**

CONVIDADO DE HONRA
Leo Imamura (Brasília, DF, Brasil)

Si Fu Leo Imamura tem dedicado sua vida à arte do Kung Fu, compartilhando seu conhecimento por meio de palavras e exemplos com seus alunos e com todos aqueles com quem entra em contato.

No entanto, sua jornada, especialmente no início, esteve longe de ser uma linha reta. Ele cresceu no Brasil em uma família de descendência japonesa, que enfatizava o valor da educação.

"Cresci jogando futebol — afinal, estava no Brasil. Mas minha insegurança atrapalhava meu desempenho. Então busquei as artes marciais, começando pelo Judo e Karate. No entanto, essas modalidades não combinavam com minha personalidade. Foi então que encontrei o Kung Fu, particularmente o Wing Chun, e isso realmente me ajudou a relaxar. Além disso, eu nunca fui um grande atleta. O Kung Fu valorizava mais o tempo certo do que a velocidade e usava a força do oponente contra ele próprio", disse Imamura.

"Com o tempo, decidi me tornar um artista marcial profissional. Eu já havia cursado cinco anos de Direito na Universidade de São Paulo quando dei a notícia a meus pais. E devo dizer que me apoiaram, demonstrando um amor incondicional."

Leo Imamura decidiu estudar Wing Chun em Hong Kong. No entanto, o voo mais acessível do Brasil para o Oriente o levou a New York, onde foi recebido pelo irmão mais velho de seu professor no Brasil, um funcionário de uma companhia aérea que morava na cidade e ajudou a facilitar sua viagem.

"Fomos a Chinatown, em Manhattan, para visitar uma conhecida loja de artes marciais. Continuando nosso passeio, vimos uma placa que dizia: 'Moy Yat Kung Fu'. Meu guia reconheceu o nome de Moy Yat, então subimos os seis andares até a escola, sem avisar."

Por providência do destino, Si Fu Moy Yat, sua esposa Helen e seu filho William, de 17 anos, estavam todos na escola naquele momento, após o término da aula de sábado pela manhã, cerca de uma hora antes.

"Foi quase como se a família estivesse esperando minha chegada. Lembro que conversamos um pouco, e Si Fu Moy Yat me disse que, se as coisas não dessem certo em Hong Kong, ele me aceitaria como seu aluno," disse Leo Imamura. "Ele deve ter plantado algumas sementes de bom Kung Fu durante aquele breve encontro, porque, depois de um tempo estudando em Hong Kong, eu sabia em meu coração que New York era o lugar onde eu precisava estar."

Imamura estudou por 14 anos sob a orientação de Moy Yat, dividindo seu tempo entre morar no Brasil e fazer inúmeras viagens prolongadas a New York, onde, inicialmente, dormia na escola até ser convidado a morar no apartamento da família no Brooklyn.

"O Patriarca Moy Yat teve muita paciência comigo como aluno, ensinando tanto os aspectos físicos quanto os mentais da arte, especialmente como viver uma vida baseada no Kung Fu. Isso foi o que ele mais enfatizou para mim: a Vida Kung Fu. Lembro que ele disse uma vez, com um grande sorriso: 'A arte é tão boa que você pode até usá-la para lutar'," contou Si Fu Imamura, com uma risada calorosa.

O desejo dos pais de Leo Imamura de que seu filho tivesse uma carreira acadêmica se concretizou em 1992, quando ele foi reconhecido como o primeiro professor universitário de artes marciais pelo Ministério da Educação e Cultura do Brasil. Desde então, Imamura tem participado de diversos projetos relacionados às Artes Marciais, com ênfase no Wing Chun Kung Fu, no sistema universitário, no ensino médio e no ensino fundamental do Brasil.

"As universidades têm utilizado minha expertise em Kung Fu para alunos de programas de MBA. Elas acreditam que aspectos da arte podem ajudar os estudantes a se tornarem melhores administradores, e estão corretas nessa ideia," observou Leo Imamura. "Uso o termo 'Inteligência Marcial' para descrever isso. O aspecto de luta ou físico das artes marciais é apenas simbólico. Durante o combate, o praticante precisa estar relaxado, atento a todos os detalhes ao seu redor, respeitando o oponente e sentindo o momento certo para responder adequadamente. Essas são as mesmas qualidades que desejo que todos os meus alunos levem para suas vidas diárias."

CAPÍTULO 8

UM "SISTEMA" DE KUNG FU

"A educação é todo esse sistema de treinamento humano, dentro e fora das paredes da escola."

– W.E.B. Du Bois, autor, sociólogo e historiador

Os sistemas são estruturas. Muitas vezes, descobrimos que a criatividade e os sistemas andam de mãos dadas. Pois o artista sabe onde estão os limites da tela. Isso o liberta para se concentrar unicamente em preencher o espaço disponível, sem precisar definir os parâmetros. O mesmo acontece na vida, com o céu servindo de limite. Não temos asas para voar. Ainda assim, isso nunca impediu ninguém de alçar voo.

Atributos Físicos

No mundo das artes marciais, o Wing Chun Kung Fu é considerado um "sistema", e com razão. Na verdade, essa é uma de suas maiores forças. Estima-se que quase três milhões de pessoas no mundo pratiquem essa arte. Como aprenderam? Por ser um sistema, a grande maioria de seus praticantes seguiu um padrão quase idêntico de aprendizado, incluindo vários exercícios e técnicas fundamentais estáticas, acompanhadas pela primeira forma, Siu Nim Tau. Em seguida, suas habilidades emergentes foram levadas ao movimento dinâmico por meio de formas e exercícios de treinamento progressivamente mais fluidos.

Por que essa congruência é tão importante?

Primeiro, essa fórmula de treinamento em etapas tem se mostrado praticamente impecável no desenvolvimento das habilidades dos praticantes. Mais cedo, neste texto, discutimos o axioma "Wing

Chun Chuen Jing Tung", que se traduz como "Wing Chun transmitido de modo autêntico". Esse princípio é amplamente valorizado porque a ordem fundamental do "sistema" é perfeitamente estruturada, promovendo um crescimento completo e equilibrado em uma arte onde a maioria dos alunos iniciantes precisa aprender que uma boa técnica pode superar tamanho e força.

Em segundo lugar, a abordagem sistemática cria uma base comum para que praticantes de diferentes escolas e linhagens compartilhem experiências, comparem e até testem seu Kung Fu. Naturalmente, nem todo si fu transmite cada exercício exatamente da mesma maneira. Pode até haver pequenas variações na ordem dos exercícios. No entanto, um aluno dedicado de Wing Chun dificilmente assistiria a uma aula em outra escola e ficaria completamente confuso com a lição em andamento.

Ordem Normal dos Exercícios Sistemáticos

Todos os exercícios focam na Linha Central, seja limpando-a ou defendendo-a.

Paak Sau: Dois praticantes ficam frente a frente, com um deles desferindo socos ao longo da linha central, alternando entre a mão direita e a esquerda. O outro, que está na posição de receptor, bloqueia cada golpe recebido com um Paak Sau. A mão esquerda bloqueia o soco direito que vem em sua direção, e a mão direita bloqueia o soco esquerdo.

Paak Da: Esse exercício se baseia no Paak Sau, mas agora o receptor executa duas ações simultaneamente: bloquear e golpear com ambas as mãos. O receptor desvia o soco recebido, liberando a linha central para o golpe já em movimento com a mão oposta. Da significa "Golpe".

Para uma demonstração visual, acesse o QR Code e assista o vídeo 8 **William Moy: Exercício Paak Sau e Paak Da**

Lap Sau: Dois praticantes posicionados frente a frente alternam entre o uso do Bong Sau para defesa e o Lap Da para ataque, limpando a Linha Central. Este é um exercício fluido que inicia o processo de transição entre os lados direito e esquerdo, colocando ambos os braços em ação conforme a critério dos participantes.

Para uma demonstração visual, acesse o QR Code e assista o vídeo 9 **William Moy: Exercício Lap Sau**

Daan Chi Sau: Serve como uma introdução limitada ao exercício de fluxo livre Chi Sau, que será discutido em profundidade no próximo capítulo. O Daan Chi Sau é um exercício com um único braço, em contraste com os dois braços utilizados no Chi Sau (Seung Chi Sau). Neste exercício, um golpe de palma é neutralizado com um Jat Sau por um praticante que agora controla a Linha Central, transformando imediatamente a posição de Jat Sau em um soco direto. O praticante defensor, que iniciou o golpe de palma, defende o soco que se aproxima com um Bong Sau, desviando-o da Linha Central.

Para uma demonstração visual, acesse o QR Code e assista o vídeo 10 **William Moy: Demonstrando Daan Chi Sau**

Luk Sau: Este exercício de "Mãos que Rolam" serve como outra introdução ao Chi Sau, adicionando energia limitada enquanto dois praticantes utilizam o contato pulso a pulso para rolar simultaneamente ambos os braços — seja de Taan Sau para Bong Sau (em um dos braços), ou Fuk Sau em duas posições, passando de alto para baixo (em outro dos braços).

Para uma demonstração visual, acesse o QR Code e assista o vídeo 11 **William Moy: Demonstrando Luk Sau**

Toei Ma: Anteriormente discutimos este exercício de "empurrar cavalo" no Capítulo Seis onde o praticante iniciante obtém sua primeira experiência em testar sua postura do cavalo sob pressão, sendo empurrado em linha reta por um parceiro mais avançado. As mãos de ambos os participantes também estão rolando de uma técnica para outra durante este exercício.

Para uma demonstração visual, acesse o QR Code e assista o vídeo 12 **William Moy: Demonstrando Toei Ma**

(Da Minha Vida) É Sobre Você, Não Sobre Mim

Raramente treino individualmente com meus alunos, e há uma razão específica para isso. Tento manter o foco em ensinar o Wing Chun Kung Fu como um "sistema" e não como minha interpretação pessoal da arte ou meu estilo individual. Após décadas ensinando, entendo que os alunos tendem a imitar seu si fu, acreditando que essa é a representação perfeita do Kung Fu correto e de qualidade. E embora a maioria dos mestres sirva como excelentes modelos para seus alunos, copiar seu si fu, que provavelmente tem um tipo físico e atributos diferentes, pode, na verdade, impedir o crescimento do aluno em encontrar seu próprio estilo pessoal.

Lembro-me de uma noite particularmente tempestuosa que resultou em uma baixa presença na aula. Apenas cinco alunos compareceram naquela noite chuvosa e ventosa. Enquanto os primeiros quatro alunos treinavam em pares, fiz dupla com o único aluno restante. Trabalhamos juntos por provavelmente meia hora ininterrupta. Foi quando esse aluno se virou para mim e observou: "Posso ver como pequenos pedaços das suas habilidades estão presentes em alguns dos meus colegas. Mas ninguém aqui pratica Kung Fu exatamente como você."

Essas palavras foram música para meus ouvidos, despertando uma sensação de satisfação em mim, antes de eu acrescentar: "Ou como o outro."

Steven Spielberg disse uma vez: "O equilíbrio delicado de orientar alguém não é criá-lo à sua própria imagem, mas dar-lhe a oportunidade de criar a si mesmo."

E muitas vezes associei essa declaração ao meu próprio ensino de Kung Fu.

Embora os termos "sistema" e "estilo" sejam às vezes usados de forma intercambiável, eles têm significados distintos nas artes marciais. Um sistema de artes marciais refere-se à estrutura geral de técnicas, princípios e filosofias que formam a base de uma disciplina específica. Abrange a estrutura subjacente e a organização da arte e é frequentemente estabelecido por seus fundadores ou praticantes proeminentes. O sistema fornece uma abordagem coesa para o treinamento, apresentando uma progressão lógica de habilidades e conhecimento.

Um estilo de artes marciais refere-se à expressão individual e interpretação de um determinado sistema. Representa as características e nuances únicas que distinguem um praticante de outro.

Tanto "sistema" quanto "estilo" têm seu valor e importância nas artes marciais. E às vezes é necessária uma pequena aula em uma noite chuvosa para reforçar isso em um si fu de longa data.

"Eu não amo estudar. Eu odeio estudar. Eu gosto de aprender. Aprender é bonito."

— Natalie Portman, atriz

Caminhada no Shopping/Engate a Marcha

Como um estudante iniciante de Kung Fu pode se sentir? Muito parecido com o resto de nós ao visitar um enorme shopping pela primeira vez. Você não tem certeza de onde fica nada e não consegue parar de olhar para todas as outras pessoas que parecem saber exatamente para onde estão indo. Você veio ao shopping para comprar algumas roupas novas, do tipo que sempre quis se ver usando, mas nunca teve confiança suficiente para realmente vestir. Pelos letreiros brilhantes na fachada do shopping, é possível que qualquer uma de uma dúzia de lojas possa atender às suas necessidades, embora você tenha interesse especial em uma loja específica.

O primeiro objetivo é descobrir onde você está dentro deste shopping. Você se dirige a um dos mapas em exibição e descobre que "você está aqui". Por enquanto, você é um X virtual em uma grade, tentando transferir essa representação para um mundo tridimensional.

Em seguida, você estuda o diretório de lojas para encontrar aquela que inicialmente despertou seu interesse, localizada no terceiro andar, no extremo oposto do shopping. Há escadas, escadas rolantes e elevadores a considerar, bem como outras lojas de roupas situadas muito mais perto de onde você está atualmente. Sem esse mapa—sem esse planejamento sistemático do Ponto A ao Ponto B e além—sua jornada iminente, que você esperava ser alegre, pode parecer mais uma caminhada incerta para nenhum lugar.

Agora pense na primeira vez que você tentou obter uma carteira de motorista no Departamento de Trânsito local. Ninguém lá realmente pediu para você dirigir imediatamente.

Em vez disso, você passou por um processo sistemático, e provavelmente por várias filas lentas. Você sentou-se em uma cadeira e fez um teste escrito com perguntas sobre sinais de trânsito, sinais manuais e a distância apropriada em comprimentos de carro entre os motoristas na estrada.

Passar nesse exame lhe deu uma licença de aprendiz. E em futuras sessões de prática, você só pode estar em movimento atrás do volante com um motorista experiente lá para guiá-lo. Parece com um estudante de Kung Fu começando o exercício de "empurrar o cavalo", Toei Ma.

O fato de que praticamente todos os municípios nos Estados Unidos têm basicamente o mesmo formato para licenciar motoristas e, em última análise, levá-los a um teste prático é importante. Isso não apenas cria um padrão para a direção responsável, mas também une as pessoas através de suas experiências comuns. Essas experiências são rotineiramente comunicadas às gerações mais jovens.

Quer uma prova?

A maioria dos adolescentes e pré-adolescentes que nunca estiveram ao volante de um veículo ainda pode lhe dizer, etapa por etapa, o que é necessário para obter uma carteira de motorista. Eles também conhecem histórias específicas associadas a essa jornada contadas a eles por seus pais e irmãos mais velhos.

Assim, passar pelo sistema para obter uma carteira de motorista nos EUA tornou-se um rito de passagem social.

(Kung Fu Natural) Rotineiramente Substancial

A estrutura sistemática pode ser uma influência poderosamente positiva na organização de nossas vidas diárias. Wendy Behar possui o título de Mestre em Serviço Social, é uma Assistente Social com Mestrado Licenciado e uma Conselheira Credenciada em Alcoolismo e Abuso de Substâncias, defende a regularidade e as rotinas para seus clientes como uma ferramenta para tornar suas vidas melhores e mais gerenciáveis.

"A estrutura de uma rotina diária sólida pode nos ajudar a lidar com os altos e baixos da vida, bem como combater a ansiedade e a depressão", disse Behar, que está em recuperação há mais de duas décadas. "Tenha uma rotina geral sobre a hora de dormir todas as noites. Ao acordar pela manhã, você deve ter uma lista de tarefas a fazer. Café da manhã, exercícios e tempo para autorreflexão são extremamente importantes. Mente e corpo geralmente andam de mãos dadas. Habilidades de enfrentamento são algo que todos precisamos desenvolver, e enfatizar a estrutura em nossas vidas pode ajudar a promover isso."

É possível ficar ocupado demais e sobrecarregado com rotinas?

"De forma alguma. Se quero que algo seja feito, peço a uma pessoa ocupada para fazê-lo", disse Behar. "Pessoas ocupadas entendem o conceito de gerenciamento de tempo—algo que é absolutamente refinado por meio da estrutura. As pessoas mais ocupadas tendem a ser as mais produtivas e bem-sucedidas."

Como prova desse conceito, em um único dia, Wendy medita, se exercita, atende seus clientes, escreve materiais de autoajuda e mantém contato com amigos, além de passar um tempo de qualidade com seu marido, filhos e neta.

"Acredito que rotinas e estrutura em nossas vidas diárias equivalem a produtividade", observou Behar. "E esse tipo de satisfação conosco mesmos pode nos ajudar a nos afastar de influências negativas, como drogas e álcool."

Perspectiva de Paul: Um Natal Feliz

Nossa família ficou entusiasmada ao adotar um filhote chamado Galaxy, um labrador retriever preto, como presente de fim de ano em 2010. Cães podem ser bastante caros, e eu realmente não estava preocupado em receber outros presentes. Algum tempo antes, minha esposa April me perguntou se eu queria algo para mim. Eu disse a ela que só precisava de algumas camisetas e meias novas.

Na época, eu estava estudando Kung Fu com o Si Fu William há provavelmente 11 meses. Eu usava uma camiseta branca nas aulas, que me designava como iniciante — as próximas duas cores de nível eram verde e depois vermelha. E eu havia desgastado bastante minha camiseta do uniforme, com uma costura na gola começando a puir.

Na véspera de Natal, April e nossa filha Sabrina me entregaram uma caixa fina com um laço ao redor. Eu sacudi a caixa e a escutei. Estava convencido de que havia uma camiseta dentro.

Eu estava certo. Só que não era uma camiseta comum. Era uma camiseta verde do uniforme que dizia: Moy Yat Kung Fu.

April e Sabrina estavam com sorrisos enormes nos rostos. Eu não queria magoá-las, mas senti que precisava dizer: "Não posso aparecer na aula vestindo uma camiseta verde só porque a ganhei de presente. O Si Fu William tem um sistema. Ele promove os alunos quando eles estão prontos. Você comprou isso online ou algo assim?"

Minha esposa tomou a dianteira, pedindo desculpas rapidamente, dizendo que não sabia nada sobre o sistema de promoção de alunos. Mas ela me pediu para experimentar a camiseta mesmo assim, apenas para ver se serviria.

Vesti a camiseta e fiquei em frente ao espelho. Serviu e ficou ótima.

Foi quando as duas começaram a rir histericamente, e até Galaxy latiu de empolgação.

April disse: "Comprei essa camiseta na escola no último sábado, quando você estava no trabalho. Perguntei ao Si Fu William se poderia comprar duas camisetas brancas novas para você, e ele disse: 'Deixe-me dar a verde em vez disso, porque estou prestes a promover o Paul.' Então pedi a ele para manter isso em segredo até o Natal."

Usei aquela camiseta pelo resto da noite, sentindo-me um pouco enganado pela minha família, mas orgulhoso como um pavão de penas verdes.

Vários anos depois, fiquei ainda mais orgulhoso quando minha filha Sabrina entrou na escola e eventualmente também conquistou uma camiseta verde.

Aplicações na Vida

- Você compra uma cadeira DIY[22] em uma loja de móveis, mas as instruções estão em um idioma diferente. Por um momento, sente-se frustrado e perdido. Então, percebe que os diagramas ilustrativos que acompanham o texto são claros o suficiente para que você possa começar a montá-la.
- Como um dos muitos supervisores em uma grande empresa, você percebe que os funcionários frequentemente ficam inseguros sobre a quem devem relatar diferentes problemas do dia a dia. Para resolver isso, você cria e publica

22 O termo "DIY" significa "Do It Yourself", que em português pode ser traduzido como "faça você mesmo". Portanto, uma "cadeira DIY" é uma cadeira que vem desmontada e precisa ser montada pelo próprio comprador, geralmente seguindo um manual de instruções.

um fluxograma que esclarece quais supervisores lidam com cada tipo de questão.

- Seu filho está com dificuldades para desenvolver bons hábitos de estudo, sentindo-se sobrecarregado com as demandas da escola, da família, dos esportes organizados e das atividades sociais. Para ajudá-lo, vocês se sentam juntos e criam um cronograma realista, reservando horários específicos durante a semana para o estudo.
- Você está determinado a correr uma maratona no próximo ano, mas nunca correu mais de oito quilômetros consecutivos. Então, senta-se com um amigo que já completou várias maratonas para elaborar um plano de treinamento, aumentando gradualmente sua quilometragem até que a distância completa de 42,195 km esteja ao seu alcance.

"O segredo de avançar é começar."
— Mark Twain, escritor

Mais seis máximas

No final do Capítulo Dois, exploramos um par de máximas do Kung Fu que refletiam nossas lições até aquele momento. Agora que você avançou em sua compreensão da arte, aqui estão mais seis para você examinar e refletir. Perceba como a primeira máxima desta lista se conecta diretamente à história do Si Fu William Moy no Capítulo Sete, sobre o ataque surpresa que ele enfrentou em uma rua escura da cidade:

- Não seja negligente mesmo quando seu oponente não estiver avançando.
- Assim que seu oponente se move, seu centro de gravidade muda.

- Complete o trabalho das mãos com a postura para fazer bom uso da Linha Central.
- Os olhos e a mente viajam juntos, prestando atenção ao primeiro sinal de ataque.
- Compreenda os princípios por trás do seu treinamento.
- Proteja sua própria postura.

CAPÍTULO 9

CHI SAU E ENERGIA DE ADERÊNCIA

"O objetivo de todo trabalho é a produção ou realização, e para qualquer um desses fins deve haver previsão, sistema, planejamento, inteligência e propósito honesto, além de suor. Parecer fazer não é fazer."

— Thomas A. Edison, inventor

O treinamento realista é abundante em áreas como o exército, a polícia, os bombeiros, os serviços médicos de emergência, os esportes, o entretenimento e muitas outras. Sempre parece apenas um treino, até o dia em que se torna real. Ninguém sabe exatamente como reagirá sob extrema pressão. No entanto, praticar sob muitas dessas mesmas condições potenciais certamente lhe dará uma base sólida para começar.

Atributos Físicos

Aqui está uma descrição relativamente simples de Chi Sau. Ela serve apenas como um guia para iniciantes. Na realidade, diversos volumes de livros poderiam ser escritos sobre esse exercício de treinamento, explicando todos os seus conceitos e subcategorias com detalhes incríveis.

Muitas vezes descrito como o "coração e a alma" do Wing Chun Kung Fu, o Chi Sau é um exercício de treinamento no qual dois praticantes tentam tomar o controle da Linha Central um do outro para desferir um golpe em uma área vital. Se a Linha Central for conquistada de maneira clara o suficiente, com controle das duas mãos do oponente, um segundo golpe consecutivo pode ser aplicado. Essa técnica sequencial é chamada de Faan Sau (Mão que retorna).

Apesar de várias técnicas serem aplicadas e defendidas em alta velocidade, o Chi Sau não é uma luta, nem um Sparring[23]. Na verdade, a maioria dos golpes que acertam o alvo é executada com muito menos força do que o potencial máximo. Isso é possível porque o cotovelo não se estende completamente através do alvo, eliminando grande parte da força gerada pelo corpo inteiro. É por isso que a maioria dos praticantes não usa equipamentos de proteção para praticar Chi Sau.

Como um exercício de treinamento, o Chi Sau pode desenvolver uma grande sensibilidade nas mãos que buscam avançar. Os dois jogadores começam compartilhando, de maneira hipotética, a Linha Central, mantendo contato um com o outro através do movimento de punho a punho. Essa "energia de aderência" é constantemente aplicada enquanto os praticantes rolam suas mãos entre as posições Taan Sau, Bong Sau e Fuk sau, retornando novamente ao Taan Sau.

Quão essencial é a necessidade de sensibilidade? Como o Chi Sau é praticado a uma distância tão curta (lembre-se, de punho a punho), não há tempo suficiente para ver um golpe chegando e então reagir. Você pode apenas sentir que perdeu o controle da Linha Central e deve rapidamente voltar para defendê-la, esperando conectar-se com o golpe que vem na direção do centro. Por mais que possa parecer, para um observador casual, que os praticantes de Chi Sau estão perseguindo as mãos um do outro, na realidade, eles estão apenas buscando atacar e defender a Linha Central.

Um dos principais objetivos do Chi Sau é manter ambas as mãos sempre ativas, operando de forma independente uma da outra. Esse objetivo se combina com a necessidade de manter uma estrutura corporal correta, a posição técnica adequada (tanto da mão direita

---

23 O Sparring também é um exercício controlado, onde os praticantes testam técnicas, reflexos e estratégias sem a intenção de causar danos sérios ao oponente. A diferença é que, enquanto o Sparring geralmente envolve golpes soltos e uma abordagem mais próxima de uma luta real, o Chi Sau foca no desenvolvimento da sensibilidade, controle da Linha Central e reações rápidas ao contato.

quanto da esquerda) e um equilíbrio apropriado, ao mesmo tempo em que se trabalha para desestabilizar o equilíbrio do oponente. Dessa forma, o Chi Sau pode ser facilmente visto como um padrão moderno de solução de problemas múltiplos da sociedade contemporânea. Aprender a praticá-lo corretamente aumentará tanto sua capacidade de autodefesa quanto sua habilidade de lidar com os diversos desafios simultâneos da vida.

Para uma demonstração visual, acesse o QR Code e assista o vídeo 13 **William Moy: Demonstrando Chi Sau**

(Da Minha Vida) Uma Casa Cheia de Pedras

O principal exercício entre dois praticantes no Wing Chun Kung Fu é o Chi Sau. Tradicionalmente, os alunos veem a capacidade de participar desse exercício como uma recompensa bem merecida, geralmente porque leva de um ano a um ano e meio de treinamento diligente para chegar a esse ponto.

Claro, quando você finalmente atinge esse patamar, logo percebe que a montanha que estava tão animado para escalar tem picos ainda mais altos.

E levar suas habilidades iniciais de Chi Sau para uma sessão com um praticante mais avançado pode ser equivalente a olhar para um paredão íngreme a partir de um acampamento-base, ainda a quilômetros de onde esperava fincar sua bandeira.

Não foi diferente para mim quando comecei a praticar Chi Sau. Tive que me preparar para mais uma grande escalada na montanha. Embora eu treinasse em todas as oportunidades, enfrentava regularmente colegas mais experientes, que possuíam grande habilidade e podiam me dominar. Um desses praticantes era excepcional em explorar uma fraqueza específica na minha posição das mãos.

Como resultado, meu cotovelo se afastava do meu corpo, criando uma abertura sólida para meu oponente atacar. Esse cenário frustrante se repetiu muitas vezes, até que, durante uma dessas sessões, parei o treino e reconheci a necessidade absoluta de melhorar.

Durante a pausa, comecei a observar atentamente os praticantes mais habilidosos de Chi Sau. Notei um deles, que tinha uma estrutura corporal ainda menor que a minha, mas cuja posição era incrivelmente impecável, permitindo-lhe proteger seu centro dos ataques.

Ao mesmo tempo, sua capacidade de manter contato punho a punho lhe proporcionava uma grande sensibilidade para sentir e criar aberturas nos outros. Ver isso foi um poderoso exemplo para mim de que uma boa posição, independentemente do tamanho e da força, pode fazer toda a diferença no Kung Fu.

O conceito de ocupar espaço, especialmente ao longo da Linha Central, não apenas protege você, mas também ajuda a controlar as ações do oponente. Meu pai me contou uma história que reflete perfeitamente essa ideia. "Imagine que sua casa contém algo incrivelmente valioso, talvez barras de ouro. Do lado de fora da porta, há um bando de ladrões planejando invadir e roubar tudo. Qual seria a melhor defesa para impedi-los? A resposta é encher sua casa com pedras, ocupando todo o espaço. Isso evitará que os ladrões sequer consigam abrir a porta, muito menos entrar."

Ao aplicar esse conceito ao Chi Sau, consegui maximizar minhas capacidades defensivas, o que, por sua vez, me ajudou a criar uma ofensiva. O espaço aberto ao longo da minha Linha Central era a casa que os ladrões—ou seja, os outros praticantes—desejavam invadir.

Eu não só precisava alinhar melhor minha estrutura esquelética para impedi-los, como também uma defesa eficaz exigia o alinhamento das três técnicas fundamentais—Taan Sau, Fuk Sau e Bong

Sau. Essa combinação de melhorias essencialmente trancou a porta com pedras, permitindo-me operar de forma cada vez mais eficiente.

E com anos adicionais de dedicação e prática, finalmente escalei a montanha.

"Aprendi o valor do trabalho árduo trabalhando arduamente."
— Margaret Mead, antropóloga

Reflexões Globais

Uma das características de um bom Chi Sau é a capacidade de reagir no momento, combinada com um forte senso de utilização de uma ou várias estruturas para resolver problemas.

Nesse sentido, os tratadores do Zoológico do Rio de Janeiro demonstraram um impressionante Kung Fu durante uma recente onda de calor no inverno brasileiro, que fez o termômetro disparar para 104°F (cerca de 40°C). Grande parte da população animal ficou tão desorientada com o clima incomum que começou a perder sua pelagem de inverno (o que se tornaria um grande problema mais tarde, quando as temperaturas voltassem a cair). Mas o que poderia ser feito no momento sufocante para aliviar o desconforto dos animais?

Os tratadores, agindo rapidamente, decidiram fazer uma mudança temporária na estrutura das refeições, transformando-as em picolés refrescantes. Os de frutas—melancia, abacaxi e uva—eram escondidos no habitat dos macacos-aranha, para satisfazer sua necessidade natural de forragear. Mas, é claro, frutas não serviriam para os animais predadores do zoológico. Para eles, os tratadores criaram picolés feitos de sangue e carne moída.

Naturalmente, você já ouviu falar do Kung Fu Panda. Mas e quanto ao Kung Fu Elefante? Os tratadores brasileiros tinham total confiança no intelecto de sua manada. E por que não? Os elefantes possuem o maior cérebro entre os mamíferos terrestres, três vezes maior que o de um ser humano. Primeiro, eles envolviam grandes blocos congelados de frutas com suas trombas para se refrescar. Depois, com sua força colossal, esmagavam o gelo com os pés e sugavam os pedaços restantes.

Uma jovem promessa da Major League Baseball (MLB), a principal liga de beisebol do mundo, Dennis Kasumba, não seguiu o caminho tradicional para jogar no Frederick Keys, uma equipe da liga de verão de Maryland, nos Estados Unidos, onde os jogadores esperam ser recrutados para o beisebol profissional.

Órfão, Kasumba foi descoberto pelo treinador Paul Wafula quando trabalhava em um matadouro em Uganda aos 14 anos, sustentando sua avó. Comovido com a situação do jovem, o treinador lhe ofereceu uma saída—um novo emprego e uma vaga em um time juvenil de beisebol.

Naquele momento, nenhum dos dois sabia que tipo de Kung Fu Dennis Kasumba demonstraria na busca pelo seu sonho de jogar na MLB.

Ao se apaixonar pelo esporte, Kasumba entendeu que precisaria treinar incansavelmente para competir nos mais altos níveis. Mas onde um jovem de uma região economicamente desfavorecida poderia encontrar equipamentos e aparelhos de treino? Ele simplesmente os criou a partir do lixo que encontrou nas ruas de sua cidade natal, Wakiso.

Criar estruturas para testar e aprimorar sua habilidade atlética tornou-se algo natural para Kasumba. Ele improvisou pesos com pneus velhos presos às extremidades de uma barra de aço carregada de cimento. Pequenas pilhas de tijolos se tornaram plataformas de equilíbrio, onde ele se agachava na posição de catcher (receptor) com uma pesada válvula de ferro amarrada à sua luva. E um tambor de óleo descartado, cheio de água, virou uma ferramenta para fortalecer suas pernas, enquanto ele tentava saltar repetidamente para fora do tambor, usando faixas elásticas de resistência presas aos ombros.

O extremamente engenhoso Kasumba é um exemplo perfeito da mentalidade do Chi Sau/Kung Fu, compreendendo onde seu corpo precisa estar e utilizando todos os recursos e estruturas disponíveis para chegar lá.

(Kung Fu Natural) Nada é tão "Zen" quanto um Jardim Urbano

No Chi Sau, aprendemos como controlar o espaço à nossa frente, fazendo-o trabalhar a nosso favor e satisfazendo nossas próprias necessidades. Talvez o equivalente cotidiano de tal exercício seja espelhado no trabalho de jardineiros urbanos, que esculpem um refúgio para a natureza, frequentemente dentro das paisagens urbanas mais densas.

Nativo do Leste de Massachusetts, Christopher Grallert começou a trabalhar em um pomar de maçãs aos 12 anos. "Era provavelmente um trabalho muito não legal para um pré-adolescente, pegando maçãs caídas por dez centavos a caixa. Mas na verdade me ensinou muito," lembrou Grallert, que agora é o Presidente da Green City Growers, uma entidade focada em trazer agricultura sustentável para a área de Boston e seus sistemas escolares.

"A maioria das pessoas está separada por três ou quatro gerações do hábito de cultivar seus próprios alimentos. Há poder incrível trabalhando em um espaço de jardim urbano, cultivando coisas para consumo dentro de uma comunidade. Ajuda a curar uma falta de conexão com a terra. E como um projeto comunitário, ajuda a curar nossa falta de conexão uns com os outros, lembrando o quanto somos mais parecidos do que diferentes. Sou um guerreiro por essa causa," disse Grallert, que tem mais de 30 funcionários em tempo integral trabalhando como uma equipe estreitamente unida em um esforço para propagar esses resultados.

Por que a jardinagem se tornou uma parte tão importante das Escolas Públicas de Boston?

"Os alunos são movidos por seu próprio sucesso. Eles aprendem paciência, e que há um processo a seguir para resultados positivos. Eles conseguem compartilhar esse sentimento de ser bem-sucedido. Temos um currículo do pré-escolar até o décimo segundo ano, incluindo alunos com necessidades especiais, que harmoniza com o aprendizado STEM[24]."

O espaço mais alto perfil da Green City Growers está no Fenway Park, casa do Boston Red Sox. O jardim é adjacente à icônica parede do campo esquerdo do estádio, apelidada de "Monstro Verde", que se ergue quase 12 metros de altura, descansando a 94 metros do home plate.

O jardim está acima dos escritórios administrativos do Red Sox. A propriedade do time acredita fortemente em sustentabilidade e comunidade. E provavelmente não há melhor lugar para exibir o que é possível em um ambiente hiper-urbano do que ter um jardim de 280 metros quadrados produzindo vegetais orgânicos naquele espaço, que é uma das maiores atrações turísticas em Boston.

No Chi Sau, aprendemos a controlar o espaço à nossa frente, fazendo-o trabalhar a nosso favor e atendendo às nossas necessidades. Talvez o equivalente cotidiano a esse exercício seja refletido no trabalho dos jardineiros urbanos, que esculpem um refúgio para a natureza, muitas vezes dentro das paisagens urbanas mais densas.

Nativo do leste de Massachusetts, Christopher Grallert começou a trabalhar em um pomar de maçãs aos 12 anos. "Provavelmente era um trabalho nada legal para um pré-adolescente, recolher maçãs caídas por dez centavos a caixa. Mas isso realmente me ensinou

24 O termo "STEM" é um acrônimo em inglês que representa as áreas de Science, Technology, Engineering, and Mathematics, traduzidas para o português como Ciência, Tecnologia, Engenharia e Matemática. Mais do que um método específico ou sistema fechado, o STEM é considerado um movimento educacional que visa transformar os sistemas de ensino, promovendo uma aprendizagem interdisciplinar e prática.

muito", lembrou Grallert, que agora é presidente da Green City Growers, uma entidade focada em trazer agricultura sustentável para a área de Boston e seus sistemas escolares.

"A maioria das pessoas está a três ou quatro gerações de distância de cultivar seus próprios produtos. Há um poder incrível em trabalhar em um espaço de jardim urbano, cultivando coisas para consumo dentro de uma comunidade. Isso ajuda a curar a falta de conexão com a terra. E, como um projeto comunitário, ajuda a curar nossa falta de conexão uns com os outros, lembrando o quanto somos mais parecidos do que diferentes. Sou um guerreiro por essa causa", disse Grallert, que tem mais de 30 funcionários em tempo integral trabalhando como uma equipe coesa para propagar esses resultados.

Por que a jardinagem se tornou uma parte tão importante das Escolas Públicas de Boston?

"Os alunos são movidos pelo próprio sucesso. Eles aprendem paciência e que há um processo a seguir para obter resultados positivos. Eles compartilham esse sentimento de sucesso. Temos um currículo desde o pré-escolar até o décimo segundo ano, incluindo alunos com necessidades especiais, que harmoniza com o aprendizado STEM."

"O Fenway Farms está acima dos escritórios administrativos do Red Sox. Os proprietários do time acreditam fortemente em sustentabilidade e comunidade. E provavelmente não há lugar melhor para exibir o que é possível em um ambiente hiperurbano do que ter um jardim de 5.000 pés quadrados produzindo vegetais orgânicos nesse espaço, que é uma das maiores atrações turísticas de Boston. Geralmente, há suspiros de empolgação e admiração sempre que os visitantes o veem pela primeira vez."

Em última análise, Christopher Grallert espera que os jardins urbanos tragam tanta positividade para a vida diária dos bostonianos quanto trouxeram para sua própria vida.

"A magia acontece nos jardins", enfatizou Grallert. "A jardinagem inspira energia e entusiasmo. Pessoalmente, sempre me ajudou a focar minhas energias, trazendo-me para um lugar de equilíbrio."

Perspectiva de Paul: Indo Junto

Por várias décadas, Alex Miteff dirigiu limusines, táxis e vans, transportando passageiros por todos os cinco distritos de Nova York.

Sempre que eu tinha a chance de acompanhar Alex, era como ter uma aula de história. Eu geralmente viajava com Alex e uma dúzia de outros passageiros para o hipódromo, onde eu trabalhava como jornalista esportivo. Veja, o argentino Miteff, que tinha 1,85 m de altura e pesava bem mais de 90 kg, teve uma carreira anterior como boxeador profissional.

Logo acima do seu retrovisor, Alex havia colado uma foto dele mesmo usando calções e luvas de boxe. O atleta na foto era muito mais jovem e provavelmente 13 kg mais leve, mas era claramente Alex, que havia ganhado a medalha de ouro nos Jogos Pan-Americanos de 1955, realizados na Cidade do México, como peso-pesado.

Claro, a história que todos queriam ouvir era sobre quando Alex lutou contra um jovem Cassius Clay (que em breve abraçaria a fé muçulmana e se tornaria Muhammad Ali) no Freedom Hall em Louisville, Kentucky, em 7 de outubro de 1961.

Foi a nona luta profissional de um invicto Clay, após ganhar a medalha de ouro nas Olimpíadas de 1960 em Roma como meio-pesado.

Como Alex se saiu no ringue contra Clay?

“Foi uma luta equilibrada por um tempo. Acertei um ou dois bons golpes e ganhei o respeito dele. Mas, na maior parte, ele me levou até onde queria e depois me derrubou”, Miteff nos disse uma vez enquanto dirigia sua van pelas ruas do Queens. “Perdi para o maior lutador de todos os tempos. Ele manteve minha mão direita imobilizada, e isso tirou muito do meu poder.”

Alex foi parado por um nocaute técnico (TKO) no sexto round.

Durante as entrevistas pós-luta, o treinador de Clay, Angelo Dundee, falou sobre como ele ensinou seu lutador a "aderir" a mão direita do oponente, e como, quando ele eventualmente aprendesse a prender também a mão esquerda, seu lutador poderia se tornar imbatível.

Aderir? Eu frequentemente me perguntava se Ali havia dominado a versão do boxe do *Chi Sau* do Kung Fu, ganhando controle dos membros de um oponente e significativamente neutralizando seu poder ao interromper o momentum — você pode realmente ver a luta contra Alex no YouTube.

Será que Alex teve o azar de enfrentar essa técnica emergente, implementada por um pugilista aparentemente de outro mundo?

Mais de uma década depois, em uma disputa pelos títulos mundiais unificados[25] dos pesos-pesados no Zaire (agora República Democrática do Congo) intitulada "The Rumble in the Jungle", Ali usou aquela ação de aderência aperfeiçoada em ambas as mãos para controlar o imenso poder de George Foreman, para desacelerar e pesar seu braço, mesmo enquanto Ali executava sua famosa tática "rope-a-dope"[26], na qual Foreman praticamente se exauriu de tanto socar.

25 Esta luta foi sancionada pelas principais organizações de boxe da época: a Associação Mundial de Boxe (WBA) e o Conselho Mundial de Boxe (WBC).

26 A tática "rope-a-dope" foi uma estratégia inovadora utilizada por Muhammad Ali durante sua luta contra George Foreman no "Rumble in the Jungle" em 1974. Nessa abordagem, Ali se posicionava contra as cordas do ringue, permitindo que seu oponente desferisse golpes enquanto ele se protegia e absorvia parte do impacto com a elasticidade das cordas.

Alex e Muhammad Ali desenvolveram uma amizade ao longo dos anos. Ambos apareceram no filme "Requiem for a Heavyweight" (1962)[27], ao lado de Anthony Quinn, Jack Palance, Jackie Gleason, Mickey Rooney e Julie Harris. Sempre que Ali visitava Nova York, Alex aparecia em seu hotel em Manhattan para relembrar e posar para fotos com o Campeão.

Apesar de todo o tempo que passou desde que viajei com Alex, ainda posso fechar os olhos, sentir os solavancos na estrada — viajando naquela van que precisava urgentemente de novos amortecedores — e ouvir sua voz rouca contando aquelas magníficas histórias.

Aplicações na Vida

- Você está viajando a 100 km/h na pista direita de uma rodovia de duas pistas. Um veículo que está várias distâncias de carro à sua frente para abruptamente. A pista esquerda ao seu lado está ocupada, e você já notou que o carro diretamente atrás de você está viajando mais perto de você do que você gostaria. Com pouca opção restante para evitar um acidente, você imediatamente dirige para o acostamento, mesmo que você não tenha uma visão totalmente clara do que está no primeiro plano lá.
- Seu filho construiu sua primeira pipa e mal pode esperar para soltá-la. Infelizmente, atualmente há pouco ou nenhum vento no parque local. Então você toma a decisão de dirigir os 40 minutos extras até a praia onde as diferenças na pressão do ar acima da praia arenosa e águas oceânicas tornam ventos muito mais prováveis.

27 No Brasil, "Réquiem para um Lutador".

- O galpão de ferramentas de madeira em seu quintal está começando a inclinar para um lado. Então você o endireita com uma cunha, permitindo que você adicione meios mais permanentes de suporte à estrutura corretamente.
- Ao aprender a fazer malabarismo, você percebe que seu foco precisa ser dividido entre múltiplos eventos simultâneos, enquanto sua mão direita e esquerda trabalham tanto em conjunto quanto independentemente uma da outra.

"Ser um peixe fora d'água é difícil. Mas é assim que você evolui."
— Kumail Nanjiani, ator paquistanês-americano e comediante

Às Cegas

A lenda do mestre de Kung Fu cego aguçou a curiosidade tanto dos estúdios de Hollywood quanto do público mundial por gerações.

A encarnação mais recente deste personagem vem na franquia Star Wars, com o ator e artista marcial Donnie Yen, que interpretou o papel-título de Ip Man na saga de quatro filmes, assumindo o papel de Chirrut Imwe, um espadachim cego, estilo Kung Fu, em Rogue One. Os espectadores aplaudiram cada movimento do personagem enquanto ele lutava baseado em sensação e antecipação, ao invés da visão.

O personagem Demolidor da Marvel Comics, também conhecido como Matt Murdock, é um artista marcial cego cujos outros sentidos foram elevados a um nível onde ser cego não é mais uma desvantagem para ele. Demolidor fez sua estreia em 1964 e foi criação do famoso escritor Stan Lee e do artista Bill Everett.

Em 1972, a ABC TV lançou uma série de ação-western intitulada Kung Fu. A série estrelada pelo ator David Carradine (que futuras gerações reconheceriam como Bill da série de filmes inspirada em artes marciais Kill Bill) como Kwai Chang Caine, um monge Shaolin forçado a buscar exílio em terras do oeste dos Estados Unidos. Um dos principais professores de Caine no Templo Shaolin era o mestre Po, interpretado pelo ator Keye Luke, um mestre de Kung Fu cego que se destacava com um bastão que também servia como bengala para o personagem idoso.

Existe alguma realidade na representação de Hollywood do artista marcial cego?

Sim. De fato, há muitos artistas marciais cegos no mundo hoje. Eles estão treinando, prosperando e ganhando grandes vantagens pessoais em suas vidas diárias das artes, incluindo maior consciência espacial.

Atualmente, atletas de alto nível competem no judô paralímpico. Em breve, o parataekwondo estará preparado para incluir competidores com deficiência visual nos Jogos Paralímpicos.

Há também muitos lutadores sem visão confiando na sensação do agarramento para lhes dar toda a informação necessária para executar movimentos e vencer, mesmo contra oponentes que enxergam.

E quanto ao Kung Fu e o exercício de treinamento de Chi Sau?

Alguns praticantes fizeram demonstrações públicas de Chi Sau com os olhos vendados. Você pode encontrar vídeos desta atividade bastante facilmente no YouTube. Já que Chi Sau está tão vinculado à sensibilidade de um praticante, e o exercício é conduzido a curta distância onde timing e controle da Linha Central são mais vitais do que ver um ataque se aproximando, praticantes com deficiência visual podem ser incrivelmente bem-sucedidos nisso.

CAPÍTULO 10

RELAXAMENTO EM VEZ DE TENSÃO

"Uma crosta comida em paz é melhor do que um banquete partilhado com ansiedade."

— Esopo, escritor e fabulista grego

O relaxamento é a chave para um melhor desempenho. Incorporá-lo em quase qualquer empreendimento será muito mais benéfico do que a falsa noção de que uma certa quantidade de tensão equivale a mais foco.

Atributos Físicos

Aprender a relaxar tanto o corpo quanto a mente é uma parte fundamental para integrar com sucesso o Kung Fu em sua vida. Se alguém o atacasse fisicamente na rua, tentando desequilibrá-lo e movê-lo do Ponto A para o Ponto B, estar rígido e tenso colocaria você em uma desvantagem extrema nessa luta.

Quando você está tenso, torna-se mais rígido, fornecendo ao seu agressor uma espécie de alça em seu corpo, da mesma forma que você facilmente segura um bule pela alça para derramar seu conteúdo. Simples e direto. Seu braço ou ombro rígido servirão ao seu agressor nesse sentido. Mas quando você está relaxado, seu corpo é mais capaz de absorver a força, movendo-se com ela até certo ponto para redirecioná-la.

Por exemplo, pegue sua mão direita e agarre firmemente seu pulso esquerdo, até quase cortar a circulação. Sua mão direita, agora extremamente tensa, está na verdade congelada ali, incapaz de fazer qualquer outra coisa. "Qual é a única maneira de permitir a liberação do pulso esquerdo e seguir para um objetivo diferente? A mão direita deve primeiro relaxar! Essa é uma das razões pelas quais usamos um Fuk Sau em vez de um agarramento. Isso permite que a mão permaneça relaxada, utilizando a força que traz o cotovelo para o fundo[28].

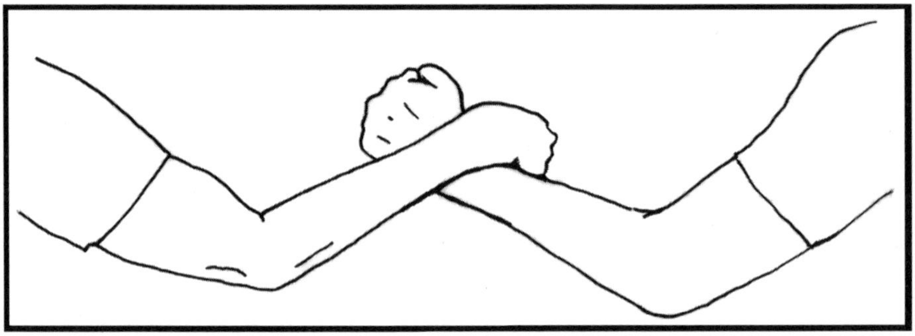

Fuk Sau

Parte de se tornar mais relaxado é alcançada através de treinamento diligente. Você já foi apresentado à primeira forma do Wing Chun Kung Fu, Siu Nim Tau, que, se praticada diariamente, deve ser uma grande aliada para você alcançar a calma, mesmo no meio de uma batalha. Outra parte importante para manter o relaxamento é a confiança.

Em uma luta, você deve confiar em suas habilidades de Kung Fu. Você deve confiar que seu treinamento o colocará na posição correta, garantindo a distância adequada. Você deve confiar que pode parar um golpe que se aproxima usando Paak Da (se as circunstâncias indicarem que essa é a técnica correta) e, assim, imediatamente pressionar seu oponente com o bloqueio e soco quase simultâneos. Porque a verdade é que você não terá tempo para pensar: haverá

28 Em cantonês, é chamado de Jaang Dai Lik 踭低力, ou seja, a Força do Cotovelo Baixo, pois o cotovelo é posicionado para dentro e para baixo, gerando uma alavanca significativa.

apenas tempo suficiente para uma reação instintiva. Se você estiver pensando sobre sua possível resposta, já será tarde demais.

Naturalmente, essa confiança em seu treinamento se estenderá às suas atividades cotidianas. Certamente, você enfrentará desafios profissionais, acadêmicos, familiares e sociais com muito mais frequência do que será lançado em combate corporal. Assim esperamos.

Mais uma vez, Kung Fu se traduz como tempo e esforço que resulta em habilidade. Portanto, se você dedicou tempo para se preparar adequadamente para tais desafios, então a calma, juntamente com um foco intenso, deve prevalecer.

(Da Minha Vida) Um Voluntário da Plateia

Eu estava participando de uma conferência de Kung Fu onde estava programado para ser um dos muitos palestrantes. Meu plano era dar uma palestra e demonstração sobre Chi Sau, algo que normalmente entusiasma e agrada os participantes, já que tantos praticantes estão focados em melhorar suas habilidades nesse exercício. No passado, eu havia dado muitas dessas palestras acompanhadas por demonstrações físicas. Por isso, eu estava bastante relaxado nos momentos que antecediam minha vez no palco. Na verdade, eu estava ansioso para me conectar com o público, compartilhar com eles qualquer conhecimento que pudesse, assim como ouvir suas perguntas e reações em resposta.

A única coisa diferente sobre essa demonstração em particular seria que meu parceiro habitual de Chi Sau durante essas apresentações não estava presente naquele dia. Mesmo assim, senti-me bem preparado e confiante quando o anfitrião anunciou meu nome e subi ao palco.

Minha palestra começou bem, e senti que o público estava receptivo e interessado. Quando chegou o momento de dar um exemplo visual dos conceitos sobre os quais eu havia falado, pedi um voluntário da plateia.

Uma mão na primeira fileira imediatamente se ergueu. O cavalheiro parecia bastante ansioso para me dar uma mão, ou melhor, me dar duas mãos (humor de Chi Sau).

Além disso, eu já o conhecia como um indivíduo gentil e atencioso, que possuía um bom Kung Fu na vida e levava a arte a sério.

Quando tocamos as mãos para iniciar a demonstração, senti rapidamente a tensão em seu corpo, provavelmente devido ao fato de estar trabalhando em público com um si fu e à presença de muitos olhos focados em nós. Rolei com ele através de algumas posições, tornando minhas mãos o mais leves e relaxadas possível, esperando que isso aliviasse sua tensão. Mas isso não causou nenhuma mudança.

Mesmo assim, segui adiante com a demonstração, sem desejar decepcionar o público nem constrangê-lo trocando de parceiro. Enquanto tentava manobrar nossas mãos para a posição adequada a fim de ilustrar um ponto que eu havia mencionado na minha palestra, nosso tempo não se encaixava devido à sua tensão.

Encerrei rapidamente a demonstração, e a decepção do público e do meu parceiro era palpável — sem mencionar a minha própria decepção. Hoje, ao olhar para aquele momento, gostaria de ter estado mais à vontade em relação ao nosso Chi Sau. Poderia ter explicado a situação ao público e ao meu parceiro ou trocado de parceiro. Talvez até pudesse ter mudado a demonstração de um cenário de Chi Sau para um ataque da vida real, destacando o mesmo princípio.

É um lembrete sólido de que há momentos em que até mesmo os mestres não estão relaxados o suficiente.

"Nem a compreensão nem o aprendizado podem ocorrer em um ambiente de ansiedade."

— Rose Kennedy, matriarca da família Kennedy

Força de Vendas / No Palco Principal / Clank![29]

Há um novo produto no showroom da sua loja — uma cadeira de massagem *ultra de luxe* com todos os extras, incluindo estofamento de couro italiano, vários níveis de intensidade, aquecimento e uma opção de reclinar.

Ela é anunciada como "A Melhor Cadeira de Massagem do Mercado". É um slogan que sua empresa quer que toda a equipe de vendas promova em cada oportunidade.

Como supervisor, é seu trabalho garantir que isso aconteça. Mas você já sabe que alguns dos seus melhores vendedores não recomendarão um produto a um cliente a menos que acreditem plenamente em suas alegações.

Assim, uma semana antes de a cadeira de alto preço estrear na sua loja, você pessoalmente desembala três delas e as instala na sala dos funcionários. Dessa forma, seus vendedores podem decidir por si mesmos se se sentem confortáveis em propagar as afirmações do fabricante.

Talvez seu filho mais novo tenha algumas falas na peça da escola e esteja demonstrando sinais de ansiedade por ter que falar no palco.

Você decide que a melhor maneira de aliviar essa tensão é proporcionar uma série de plateias improvisadas nas semanas que antecedem a apresentação.

Todas as noites, durante o jantar, a família inteira pausa a refeição enquanto se senta ao redor da mesa para que seu filho mais novo se levante e recite suas falas, seguido de uma rodada de aplausos.

Você organiza a visita de vários vizinhos para participar. E quando seu filho mais novo estiver praticando sozinho em seu quarto, você alinha os bichos de pelúcia como plateia.

---

29 "Clank" é uma onomatopeia da língua inglesa, usada para descrever um som metálico seco, como o impacto de metal contra metal. Em português, não temos um equivalente exato para "clank".

Tudo isso em um esforço combinado para reduzir a ansiedade por meio da exposição repetida a um substituto adequado para estar no palco.

Imagine que seja um jogo-treino entre equipes de um time de basquete do ensino médio em seu próprio ginásio. O treinador tem dois árbitros na quadra e o relógio marcando o tempo para simular as condições de uma partida real. Com apenas dois segundos restantes no falso confronto e o placar empatado, um dos jogadores sofre uma falta e vai para a linha para dois lances livres.

Sua primeira tentativa sai curta e sem elevação, batendo no aro com um *clank* desafinado. O jogador, visivelmente chateado com o erro, continua parado na linha de lance livre, com os pés exatamente na mesma posição, esperando que o árbitro lhe entregue a bola para a segunda tentativa.

Do banco, o treinador salta e chama o arremessador: "Afaste-se da linha e dê alguns passos. Depois, se reposicione."

O conselho prudente tem o objetivo tanto de aliviar a tensão do jogador quanto de estabelecer uma nova estrutura para substituir aquela que acabou de falhar miseravelmente.

(Kung Fu Natural) Mudando Modos

Nas últimas duas décadas, se você é um fã de esportes, quase certamente já viu o trabalho do operador de câmera de TV Chris Fiala. E se você nem percebeu que ele estava lá, melhor ainda.

"Meu trabalho é estar totalmente relaxado e suave ao mover a câmera para seguir a ação ao vivo. O público nunca deve ver a imagem tremer, ou sequer pensar que há um operador de câmera. Aquele pequeno solavanco na tela é um sinal de tensão nos movimentos do operador", disse Fiala, praticante de Kung Fu e jogador amador sério de hóquei no gelo.

"Para filmar adequadamente, muitas vezes preciso mudar meus pés enquanto giro o ângulo amplo da câmera em quase 180 graus. Isso exige relaxamento nas minhas mãos e passos."

Exibir esse tipo de relaxamento atrás de uma câmera nem sempre é fácil. Uma das primeiras tarefas de Fiala foi filmar sob os ventos exasperantes de um *nor'easter*[30].

Outra vez, ele ficou sozinho em uma torre de 15 metros de altura sob chuva forte e relâmpagos, com a expectativa de que ele fosse tão suave em seus movimentos como se estivesse filmando sob condições normais.

Chris Fiala cresceu como um grande fã de Bruce Lee e estudou artes marciais "duras"[31] quando jovem, onde sobrepujar um obstáculo é a mentalidade primária. Quando Chris entrou pela primeira vez na escola do Si Fu William Moy como um aluno iniciante, ele não fazia ideia de que seu herói, Bruce Lee, fazia parte da linhagem e agora seria considerado seu tio Kung Fu.

"Isso por si só foi uma motivação sólida para eu aprender Kung Fu", lembrou Fiala, que tem uma altura imponente de 1,87m e pesa 102 quilos.

Em alguns de seus primeiros exercícios, Fiala tentou se apoiar em seu tamanho e força. No entanto, vários alunos muito menores e mais velhos foram capazes de explorar sua tensão para colocá-lo em posições comprometedoras.

"Não tente mais forte. Tente mais fácil", foi a resposta de seus colegas mais experientes. Essa abordagem não veio automaticamente para um indivíduo tão grande e forte quanto Fiala.

30 Nor'easter é um tipo de tempestade intensa que ocorre na costa leste dos Estados Unidos e Canadá. O nome vem da direção dos ventos predominantes, que sopram do nordeste (northeast → nor'easter, na forma contraída e coloquial).

31 O termo "artes marciais 'duras'" refere-se a estilos de artes marciais que enfatizam força bruta, impacto direto e resistência física. Essas artes costumam envolver golpes contundentes, bloqueios rígidos e condicionamento físico intenso.

“Com o tempo, conforme aprendi mais sobre a arte, ajustei meu pensamento e respostas físicas para me tornar mais relaxado”, disse Fiala, que descobriu que isso também o ajudou como jogador de hóquei.

“No Kung Fu, você pode sentir os movimentos do seu oponente quando seus membros estão se tocando. Consegui levar essa sensibilidade para o gelo também. Agora, sempre que me enrosco com outro jogador contra as bordas, sinto como se pudesse antecipar seu próximo movimento e até sentir melhor o disco no meu taco.”

Perspectiva de Paul: Meu Filho Adotivo

Depois de seis anos ensinando adolescentes encarcerados em Rikers Island, recebi uma nova atribuição do Departamento de Educação da Cidade de Nova York — trabalhar com adolescentes em um centro de tratamento diurno de drogas no Brooklyn.

Os alunos eram tão necessitados quanto os da prisão, mas, em vez do ambiente duro da cadeia, eram confrontados diariamente com o que pode acontecer com você nas ruas.

Alguns meses após iniciar o trabalho, recebi um novo aluno chamado Carlos, que tomou seu lugar entre os outros 15 ou mais adolescentes na única sala de aula do centro de tratamento.

Carlos estava tendo dificuldades para se ajustar aos novos arredores educacionais e, provavelmente, enfrentava o desafio ainda maior de remover drogas ilegais de sua vida.

Ele já havia se envolvido em várias discussões tensas com outros alunos sobre absolutamente nada, em um curto período de tempo.

Lembro-me de ter tido uma conversa sincera com ele sobre resolver conflitos de uma maneira mais relaxada.

Certa manhã, Carlos e eu saímos do mesmo vagão de um trem da linha G e começamos a caminhar juntos os poucos quarteirões até o centro de tratamento.

Num instante, fomos confrontados por uma parede de sete adolescentes bloqueando a calçada — quatro garotos e três garotas. Eles se recusaram a nos deixar passar, gritando com Carlos sobre algum problema que ele havia começado na rua no dia anterior.

Eles falavam de forma agressiva, mas senti que não queriam realmente brigar, ou já estaríamos em um confronto total. Então, dei um passo diretamente na frente de Carlos, me apresentei como seu professor e o chamei de "meu filho adotivo".

"Quando eu o levar para a escola, vou garantir que ele seja punido por agir de maneira estúpida com vocês", anunciei.

Aquela poderia ter sido a oportunidade de Carlos para sair correndo. Eu teria feito um bloqueio inocente no primeiro que tentasse persegui-lo, dando a Carlos outra vantagem de 25 metros.

Mas quando olhei para trás, o normalmente falante e durão Carlos parecia congelado de medo. Então, cabia a mim manter aquele grupo relaxado e conversar para sairmos dessa.

Foi então que uma oficial de trânsito desceu pela rua, verificando adesivos de inspeção em uma fileira de carros estacionados.

"Ei, oficial, onde fica a escola mais próxima daqui?" perguntei.

"Seria a Brooklyn Tech, alguns quarteirões adiante", ela respondeu.

Virei-me para nossos captores temporários, todos carregando mochilas, e disse: "Por favor, não me façam ir até lá no meu tempo livre e apontá-los para a segurança e os diretores."

Eu podia vê-los coletivamente ponderando essa possibilidade distinta por um momento.

Talvez tenha sido a palavra "por favor", mas aquela declaração minha, junto com a promessa adicional de punir Carlos, finalmente fez com que aquela parede de adolescentes relutantemente abrisse caminho para nós.

Carlos permaneceu em silêncio até chegarmos ao centro de tratamento, antes de simplesmente dizer: "Te vejo na aula, Professor." Mas mais tarde naquela manhã, eu o ouvi recontar a história para os outros alunos da escola. Só que sua versão mais colorida o colocava um pouco mais no controle da situação.

Eu gostaria de poder dizer que aquele incidente mudou a atitude de Carlos. Que ele se tornou um aluno dedicado e superou seu vício em drogas. Mas coisas assim geralmente acontecem nos filmes, perto da conclusão.

Felizmente para Carlos, porém, sua vida ainda estava em seu primeiro ato.

Aplicações na Vida

- Você sente que está ficando tenso com uma reunião iminente com seu chefe. Para combater essa sensação, faz uma lista com dez razões detalhando por que você é um funcionário valioso. Pouco antes da reunião, lê a lista para si mesmo várias vezes.
- Várias vezes por mês, você acorda no meio da noite sentindo-se incrivelmente ansioso sem uma razão discernível. Então, aprende alguns breves exercícios de meditação e até usa uma gravação de sons tranquilos da floresta para ajudá-lo a relaxar nesses momentos e voltar a dormir.
- Alguém o ameaça verbalmente. À medida que sente sua tensão crescer em resposta, você respira fundo e se concentra em seu treinamento para proporcionar uma saída calma e racional da situação.
- O alarme de incêndio soa em um grande prédio e você realmente sente cheiro de fumaça vindo de algum lugar. Enquanto sai do seu escritório no quinto andar, vê alguém

apertando freneticamente o botão do elevador. Nesse momento, você calmamente o conduz até a escada, falando com ele em um tom de voz equilibrado a cada passo do caminho.

"Aprendi ao longo dos anos que se você começa a pensar sobre a corrida, isso te estressa um pouco. Eu apenas tento relaxar e pensar sobre videogames, o que vou fazer depois da corrida, o que vou fazer apenas para relaxar."

— Usain Bolt, velocista e campeão olímpico

CONVIDADO DE HONRA
Tak Wah Eng (Nova York, NY, Estados Unidos)

Quem verdadeiramente personifica o espírito humilde do Kung Fu é o Si Fu Tak Wah Eng, um renomado professor e artista marcial que vem aperfeiçoando sua arte há mais de quatro décadas no bairro de Chinatown, na cidade de Nova York.

"Nunca digo às pessoas que pratico Kung Fu. Quero que elas me vejam como um indivíduo, que me conheçam como Tak. Nunca tento vender a arte para elas, mesmo que eu a viva como um exemplo," disse Si Fu Eng, que estudou na adolescência sob a tutela do Grão-Mestre Wai Hong. "O Kung Fu é uma arte sobre cultura, filosofia e tradição. Não gosto de vê-lo comercializado de nenhuma forma."

Em 1967, aos 17 anos, Eng imigrou para a cidade de Nova York vindo de Hong Kong com sua família.

"Apesar da passagem do tempo, algumas coisas permanecem as mesmas e raramente mudam. Sempre haverá valentões. Os jovens vêm ao Kung Fu para aprender a se defender, a revidar e a se fortalecer. Eles aprendem a arte e ganham confiança. Começam a entender que não precisam ter medo, que podem se proteger. Apenas quando ameaçados devem usar suas habilidades de Kung Fu para lutar," enfatizou o Mestre Eng.

Expressar-se por meio de diversos meios sempre foi um aspecto apaixonante da vida do Mestre Eng. Por muitos anos, ele treinou e trabalhou como artista gráfico para uma agência de publicidade, com seus trabalhos aparecendo em dezenas de campanhas publicitárias nacionais e comerciais de TV.

"Sou grato por poder expressar minha energia em uma tela. Minha arte se tornou muito mais pessoal ao longo dos anos, usando diferentes pinceladas para enfatizar as cores. De certa forma, é a maneira como me sinto e me movo enquanto desempenho o Kung Fu, só que capturada em uma obra de arte."

Você também pode conhecer o trabalho do Si Fu Tak Wah Eng pelas cenas de luta que ele ajudou a coreografar no filme de ação/artes marciais "Romeo Must Die" (2000)[32], estrelado por Jet Li e pela cantora/atriz Aaliyah.

"Aprendi muito com os dublês e com o diretor. Você precisa entender sobre ângulos de câmera, o que ficará bom no filme e o que não ficará — como criar a mágica do cinema. Trabalhar com Jet Li, mostrando a ele um estilo do Norte de Kung Fu, e com Aaliyah, que é originalmente da cidade de Nova York, foi maravilhoso. Achei que foi um filme de ação realmente bom."

Como o Si Fu Eng vê o Kung Fu ajudando na vida cotidiana de seus alunos?

"Trata-se de ter equilíbrio na vida e não ir a um extremo ou a outro. Isso se conecta com a respiração e a meditação. Aprenda a usar sua respiração e como tomar emprestada a energia e a força do chão, da terra sob seus pés."

Eng testemunhou a transformação do seu próprio Kung Fu ao longo de muitos anos praticando, ensinando e estudando a arte.

"Meu conhecimento aumentou, e estou aprendendo ainda mais. Acho que já não sou mais um iniciante," disse o Mestre Eng com um tom irônico.

"A arte é tão profunda, e estou aberto a muitas ideias. Mas, ao longo dos anos, aprendi que a energia 'suave' é a melhor. Hoje em dia, executo muitas formas dessa maneira. Lembro-me de ter conhecido Moy Yat há muito tempo. Ele sempre

32 No Brasil, "Romeu Tem Que Morrer".

foi um cavalheiro comigo e um amigo do meu professor. O Patriarca Moy Yat costumava dizer: 'Você não precisa de um martelo para atingir alguém,' referindo-se à energia 'dura'. 'Você só precisa aperfeiçoar sua técnica.' Ele estava certo. Atualmente, uso mais energia suave no meu Kung Fu."

CAPÍTULO 11

REDIRECIONANDO FORÇAS EXTERNAS

"Não há rejeição, há apenas redirecionamento."
— Matt Haig, autor e jornalista

Quando você consegue pegar a negatividade direcionada a você, seja em palavras ou ações, e enviá-la para outro lugar, então você realmente alcançou algo que melhora sua vida diária.

Atributos Físicos

É verdade que praticantes de Kung Fu podem desferir golpes incrivelmente poderosos, incluindo alguns a apenas poucos centímetros de distância. Isso lembra muitas artes marciais "duras", como o Karatê e o Taekwondo, que enfatizam a ideia de força contra força. Mas, assim como os conceitos opostos que constituem a teoria chinesa do Yin e Yang (discutida mais detalhadamente no final do Capítulo Dezessete), o Kung Fu também faz uso de um lado "suave". Uma das formas em que isso se manifesta é no uso do redirecionamento de forças externas, em vez de tentar enfrentá-las de frente com uma demonstração superior de força bruta.

Como podemos redirecionar forças externas? O uso correto de ângulos nos ajuda a dissipar a força, reduzindo significativamente seu impacto e nos colocando em uma posição superior para responder com um ataque próprio. Isso pode ser visto em técnicas como Paak Sau e Paak Da, nas quais a palma da mão não intercepta diretamente a frente do punho que se aproxima. Em vez disso, ambas as técnicas enfrentam o ataque de lado, normalmente logo acima do pulso. O Lap Sau também usa um ângulo lateral ao agarrar o golpe do oponente, antes de redirecionar sua energia para baixo e para longe do nosso corpo. O uso correto do bong sau para lidar com um golpe também depende de um ângulo lateral, incorporando uma transferência de peso para a perna que sustenta a técnica para absorver e dispersar ainda mais a força.

Para uma demonstração visual, acesse o QR Code e assista o vídeo 14 **William Moy: Demonstrando Técnicas de Redirecionamento**

Como meu pai costumava dizer, "O Kung Fu entra nos seus ossos." E uma vez que você é introduzido a essas aplicações físicas, estou confiante de que começará a usar seu equivalente social em seus relacionamentos diários. Seja escolhendo o ângulo correto para iniciar uma conversa difícil ou diminuindo um potencial conflito ao suavizar sua resposta inicial para aqueles que possam estar inclinados a escalar uma situação ao não conseguirem o que querem. Lembre-se que a ideia de firmemente manter sua posição frequentemente inclui ceder apenas o suficiente para garantir a melhor posição para você.

(Da Minha Vida) O Longo Deslocamento

Certa vez, tive um trabalho extra nas primeiras horas da manhã, transportando idosos de suas casas no Queens, Nova York, para um centro de atendimento diurno para adultos. No geral, eu gostava e achava o trabalho gratificante. Sem alguém para levá-los ao centro, a maioria dos idosos que eu transportava diariamente, por não conseguirem dirigir sozinhos ou usar o transporte público, ficaria confinada em casa durante grande parte do dia, especialmente nos meses de inverno. Passando os dias no centro, eles recebiam um café da manhã e almoço quentes, socializavam e podiam participar de diversas atividades para estimular suas mentes e corpos. Cuidar dos idosos, conhecido como piedade filial, é uma parte importante da minha cultura asiática. Como todos os meus avós já haviam falecido há muito tempo, vi esse trabalho como uma forma de retribuir àqueles que vieram antes de mim. E, com dois filhos em crescimento para sustentar, um pagamento extra semanal era uma grande ajuda para minha esposa e para mim.

Em teoria, esse poderia ter sido um trabalho nobre. Mas a realidade de dirigir uma van de 12 passageiros no horário de pico, muitas vezes cheia de idosos muito opinativos, trouxe momentos incrivelmente desafiadores.

Era meu terceiro dia no trabalho. O trânsito estava praticamente parado, e eu ainda precisava buscar um novo passageiro em uma van quase cheia. Apesar de conhecer bem as ruas e bairros do Queens, não consegui encontrar imediatamente o novo endereço.

Um dos meus passageiros, que aparentemente não tinha um filtro entre o cérebro e a boca, começou a me atacar verbalmente:

"Já passamos por essa rua antes. Você não sabe ler números? Não me importa se esse motorista é novo, já estamos vinte minutos atrasados."

Então, meu algoz encontrou um aliado na van, adicionando uma segunda voz à enxurrada de comentários negativos. Para ser bem sincero, aquilo estava começando a me irritar. Cheguei a ter um pensamento passageiro de deixá-los na beira da estrada.

E alguns dos outros passageiros, que me lançavam olhares de simpatia, provavelmente teriam apoiado tal atitude.

Depois de pegar o último passageiro, estimei que ainda levaríamos mais 30 minutos para chegar ao centro de idosos. Foi então que mentalmente invoquei meu Kung Fu. Eu precisava encontrar uma maneira de redirecionar essas forças externas negativas para algo positivo. Então, comecei a focar intensamente na minha condução, incentivando a mim mesmo a cada mudança de faixa para conseguir passar por um semáforo prestes a fechar. Um dos passageiros até elogiou uma manobra precisa que fiz ao desviar de um veículo quebrado.

Ao me envolver no ato de dirigir e torná-lo meu objetivo principal, evitei dar qualquer peso às críticas daquela dupla, mesmo que fosse apenas na minha própria mente.

Chegamos ao destino 14 minutos antes da minha estimativa, e não poderia ter sido em melhor hora, na minha opinião.

Antes de ir para casa, minha supervisora me chamou em seu escritório.

"Ouvi de alguns de nossos clientes que você teve uma manhã desafiadora."

Respondi de forma contida: "Sim."

"Apenas lembre-se, William, idosos muitas vezes voltam a ser crianças quando ficam frustrados."

Assentindo com a cabeça, deixei a conversa por isso mesmo.

Mas, em minha mente, eu gostaria de ter o poder, só por um tempinho, de mandar aqueles dois senior-adolescentes para um bem merecido castigo.

"O dogma da ciência é que a vontade não pode, de forma alguma, afetar as forças externas, e eu acho isso simplesmente ridículo."

— William S. Burroughs, escritor e artista visual

Notas Nem Tão Amargas / E-6[33]

No início de 1966, Bob Dylan era um dos músicos mais populares do planeta. Fãs ansiavam por ouvir suas canções folk acústicas, como *Blowin' in the Wind* e *Mr. Tambourine Man*, enquanto ele lotava locais de shows por toda parte. Mas, em fevereiro daquele ano, Dylan mudou seu estilo e adotou a guitarra elétrica, embarcando em uma turnê mundial com uma banda de rock and roll (chamada The Band) acompanhando-o. A reação não foi o que Dylan esperava. Seus fãs fiéis odiaram a nova música e o vaiaram impiedosamente, aplaudindo apenas uma ou duas das canções mais antigas, feitas no seu estilo folk original.

Mas Dylan não recuou. Ele e The Band eventualmente começaram a redirecionar o clamor negativo, unindo-se fortemente em uma mentalidade de "nós contra o mundo". Mais de meio século depois, aquela música, que recebeu tantas críticas na época, agora é considerada uma das melhores obras de Dylan.

Definido por um erro? No final do Jogo Seis da World Series de 1986, entre o New York Mets e o Boston Red Sox, o rebatedor Mookie Wilson, do Mets, acertou uma bola rasteira em direção ao primeira base Bill Buckner. De alguma forma, a bola passou entre as pernas de Buckner, abrindo caminho para que os Mets vencessem aquele jogo, além do Jogo Sete na noite seguinte, praticamente arrancando o título das mãos do Red Sox, que não conquistava um campeonato desde 1918.

Os torcedores de Boston ridicularizaram Buckner, um ex-campeão de rebatidas e all-star, tornando-o o bode expiatório pelo colapso do time. A situação ficou tão ruim que a franquia do Red Sox se sentiu obrigada a trocar Buckner no meio da temporada seguinte.

33 E-6 faz parte da notação de pontuação (*scoring notation*), utilizada no beisebol para registrar estatísticas e jogadas de maneira rápida e padronizada.

Buckner estava plenamente ciente das críticas e dos insultos desagradáveis que os torcedores gritavam para ele no campo. O jogador tinha apenas duas escolhas: redirecionar o que ouvia ou pendurar as chuteiras e encerrar a carreira. Para o crédito de Buckner, seu foco intenso, especialmente como rebatedor, permitiu que ele superasse o pior momento e continuasse jogando por mais três temporadas, apesar de lidar com lesões debilitantes nas pernas.

Para surpresa de todos, o Red Sox recontratou Bill Buckner em 1990. Ele até recebeu uma ovação de pé da torcida no Fenway Park, no dia da abertura da temporada, provando que sua capacidade de superar uma situação difícil impressionou muitos dos mesmos fãs que antes o vaiavam.

(Kung Fu Natural) Y e X

A pesquisadora Stacey Korolkova começou a estudar Wing Chun Kung Fu com Grão-Mestre William Moy quando era adolescente no ensino médio.

"Entrei na arte por razões de autodefesa," lembrou Stacey. "Eu queria aprender como me proteger melhor."

Korolkova, que atualmente faz parte de um grupo de pesquisadores de laboratório que trabalham diligentemente para descobrir uma cura para derrotar o HIV, teve uma afinidade imediata com a arte. Seus irmãos Kung Fu mais velhos ficaram impressionados com sua atenção aos detalhes e resistência. Mas havia outro atributo que distinguia Stacey da maioria de seus colegas — ela era mulher, uma das apenas duas alunas na escola de Chinatown de Si Fu Moy na época.

"Uma amiga minha que estava treinando lá me falou sobre a escola, e eu decidi me matricular," disse Korolkova.

"Realmente não importava para mim que todos os outros alunos fossem do sexo masculino. Porque, na minha mente, eu estava pensando que só treinaria com minha amiga."

Mas algumas forças externas inesperadas entraram em jogo. E a amiga de Stacey, que repentinamente descobriu que estava grávida, parou de vir às aulas, deixando Stacey como a única aluna mulher da escola. Seu plano de treinar apenas com outra mulher precisava de redirecionamento.

"Quando cheguei no estágio onde eu golpearia e seria golpeada, si fu sugeriu que eu conseguisse uma proteção de peito."

Stacey não ficou satisfeita com a ideia. Ninguém mais estava usando uma, e ela não queria se destacar como diferente de seus colegas.

"Primeiro, apareci com uma proteção que podia ser usada sob minha camiseta. Mas si fu insistiu que eu usasse uma por cima. A ideia era fazer os outros alunos se sentirem confortáveis em me bater no peito, tanto quanto era sobre me proteger."

Alguns anos depois, Stacey acreditou que havia alcançado seu objetivo e estava pronta para seguir para outras buscas.

"Me encontrei com si fu e disse a ele que já sabia como socar e chutar. Só que ele tinha este olhar no rosto como se houvesse muito mais que eu precisava aprender. Então fiquei."

Ao longo de seus anos subsequentes na escola, Stacey ajudou a introduzir mais de uma dúzia de novas alunas mulheres, incluindo suas duas irmãs mais novas. Ela também atribui ao estudo do Kung Fu o desenvolvimento da coragem e do foco para seguir seu coração academicamente.

"Lembro de tentar decidir sobre uma especialização na faculdade. Na verdade, me encontrei com si fu para discutir isso, e ele foi de grande ajuda para mim. Eu estava interessada em Relações Internacionais. Mas meus pais estavam me pressionando para estudar Matemática. Ele não tentou me dizer o que fazer. Em vez disso, demonstrou que confiava em mim para que eu pudesse me tornar quem realmente sou."

Aplicações na Vida

- Você executa o que acredita ser o saque vencedor em uma partida de tênis. Mas seu oponente declara que a bola saiu "por um centímetro". Você está convencido de que a bola foi dentro e discute o ponto. Mas seu oponente mantém sua decisão original. Você sucumbirá a essas forças externas que o testam? A raiva minará seu foco e fará com que você acerte o próximo saque na rede? Ou desviará essas forças através do foco interno e conseguirá executar outro ace?
- É domingo à noite e você acabou de ter várias novas ideias que gostaria de compartilhar com seus colegas para aliviar a carga da próxima semana de trabalho. No entanto, a plataforma de internet da empresa está fora do ar para manutenção. Então, você esboça suas ideias no papel, faz uma dúzia de cópias e as deixa nos escaninhos físicos de seus colegas logo na manhã de segunda-feira.
- Filmes de terror não são a sua praia e tendem a deixá-lo inquieto. Para ter um pouco mais de controle sobre suas reações, experimente assistir a um desses filmes com o volume no mudo, eliminando os gritos e a música tensa.
- Alguém tenta puxá-lo contra a sua vontade. Em vez de resistir à força puxando para trás, você usa a própria energia da pessoa contra ela, avançando rapidamente para dentro do espaço dela e perturbando seu equilíbrio.

"Uma república desse tipo, capaz de resistir a uma força externa, pode se sustentar sem nenhuma corrupção interna."

— Alexander Hamilton, estadista e um dos pais fundadores dos EUA

Ajustando suas Velas para o Sucesso

Tanto os praticantes de Kung Fu quanto os marinheiros podem ser especialistas absolutos em redirecionar forças externas. Já examinamos como um artista marcial pode fazer isso. Agora, vamos olhar para o conjunto de habilidades de um marinheiro. No caso deles, é a poderosa força do vento que eles aprenderam a redirecionar.

É fácil para nós visualizarmos um veleiro sendo empurrado pelo vento, especialmente quando o barco e o vento estão indo na mesma direção. Mas o que acontece quando o vento sopra na direção oposta ao destino pretendido pelo marinheiro?

Pense em um veleiro como um avião de lado, com a vela funcionando como uma asa levantada verticalmente. Os marinheiros escolhem um ângulo para posicionar suas velas, de modo que o vento contrário sopre tanto na parte interna (esticando a vela) quanto na parte externa. O formato curvado em gota, assim como a asa de um avião, faz com que o vento viaje mais rápido do lado de fora da vela, pois a distância é maior do que pelo lado de dentro. Esse aumento de velocidade causa uma diminuição na pressão, criando sustentação. Só que, nesse caso, essa sustentação não eleva o barco, pois sua "asa" está na vertical e não na horizontal. Em vez disso, a sustentação da vela impulsiona o barco em um ângulo, meio que de lado.

Você pode estar se perguntando: Então, por que o veleiro avança, em vez de se mover apenas no ângulo em que a vela está captando o vento?

Bem, existe outra "asa" que você não vê tão facilmente. Trata-se do quilha curvada, localizada sob o veleiro, com a água tanto empurrando quanto puxando sobre ela, também criando sustentação. Só que, dessa vez, a força gerada ocorre na direção oposta à da vela. Essas duas forças opostas se equilibram, permitindo que o veleiro avance mesmo sem ter o vento soprando diretamente por trás.

Agora, isso sim é Kung Fu náutico!

CAPÍTULO 12

DEFRONTAÇÃO E MÃOS QUE AUXILIAM

"Você nunca deve ver seus desafios como uma desvantagem. Em vez disso, é importante entender que sua experiência ao enfrentar e superar adversidades é, na verdade, uma das suas maiores vantagens."

— Michelle Obama, ex-primeira-dama dos EUA

Nunca perca de vista o que está diretamente à sua frente, não importa qual seja o desafio. Mantenha esse desafio focado no seu centro e nunca desvie sua visão dele. Se você conseguir fazer isso, verá várias opções e múltiplos caminhos para alcançar seu objetivo final.

Atributos Físicos

No Wing Chun Kung Fu, o conceito de manter o posicionamento correto de frente para um oponente é chamado de Dui Ying, que se traduz como "enfrentar a forma". A "forma", nesse contexto, é o corpo humano que representa uma possível ameaça — seja durante um confronto físico real ou nos momentos que o antecedem, quando seu Kung Fu já o alertou para uma situação que pode escalar.

Nosso objetivo é enfrentar essa "forma" com nossa Linha Central alinhada à Linha Central do oponente, caso ele esteja de frente para nós. Se ele não estiver — por exemplo, caso adote uma postura lateral perpendicular à nossa posição — devemos manter o foco para alinhar nossa Linha Central com o centro da massa visível à nossa frente.

Por que estamos tão preocupados em defrontar corretamente, em permanecer Dui Ying? Porque isso nos garante uma posição superior, permitindo o uso igualitário dos nossos quatro membros para lidar com a ameaça sem precisar reposicionar o corpo.

Considere o seguinte: Adote uma postura lateral, com o ombro direito ou esquerdo voltado para o centro da linha imaginária do oponente. Agora, estenda o braço da frente para frente. Depois, estenda o braço de trás para frente. Os dois não têm o mesmo alcance nessa postura, pois o braço de trás fica consideravelmente mais curto para atingir o alvo. Eles só podem se igualar novamente se você girar os quadris, o que exige tempo e movimentação adicional.

Por outro lado, quando você adota o enfrentamento correto, com sua Linha Central “dui ying” para o alvo, ambos os braços têm o mesmo alcance. Por que isso é tão crítico? Você já aprendeu os fundamentos de técnicas como Paak Da e Lap Da, nas quais uma mão é essencial para ajudar a outra a ter sucesso. Essas são chamadas de “mãos que auxiliam” e são específicas do Sistema Wing Chun.

Naturalmente, se o oponente se mover (mudando de direção ou ângulo), devemos nos mover para manter nossa defrontação. Quando perdemos o enfrentamento correto, chamamos isso de Sat Ying. Não permanecer Dui Ying sacrifica nossa posição superior, comprometendo seriamente nossa capacidade de usar as mãos auxiliares e deixando tanto nosso lado quanto as costas vulneráveis a ataques.

Para uma demonstração visual, acesse o QR Code e assista o vídeo 15 **William Moy: Demonstrando Defrontação Correta e Mãos que Auxiliam**

(Da Minha Vida) O Lar é Onde o Kung Fu Está

Nos meus primeiros dias de treinamento de Kung Fu, manter minha defrontação e permanecer Dui Ying com meu parceiro durante os exercícios de Chi Sau foi incrivelmente frustrante. Como eu ainda estava lutando para adquirir algumas das qualidades fundamentais que discutimos em capítulos anteriores—estrutura e posicionamento, manter a distância adequada, permanecer relaxado e aderir via energia de pulso a pulso—tornei-me extremamente vulnerável a ser manipulado.

Acho que meu maior desafio era aplicar continuamente o ângulo correto. Porque sempre que eu não o fazia, praticantes com mais habilidade me deixavam enfrentando um oponente invisível enquanto eu ainda estava diretamente na linha central.

Imagine jogar um jogo de Marco Polo em uma piscina em um dia de verão. Eu dizia Marco. E cada resposta de Polo vinha continuamente de algum lugar atrás de mim. Não é um cenário bom para alcançar o sucesso.

Mas com o tempo, à medida que meu Kung Fu começou a se desenvolver e tomar forma, lembrei-me da minha constante perda da defrontação adequada e por que isso acontecia. Foi uma lição que levei comigo ao longo da vida e aprendi a projetar em outras coisas.

Na faculdade, certifiquei-me de ter as anotações de aula relevantes e os textos necessários nas listas de leitura antes de me sentar para estudar para um exame.

Sempre que eu conseguia um novo emprego, concentrava-me em conhecer as responsabilidades e o que se esperava de alguém na minha posição.

Portanto, minhas lutas iniciais com o Dui Ying realmente me ajudaram em muitos empreendimentos futuros. Talvez essa lição de defrontação nunca tenha sido mais valiosa para mim do que quando minha esposa e eu compramos uma casa antiga que precisava de muitos reparos.

Ambos trabalhávamos em tempo integral e tínhamos um filho de um ano de idade. Então, cada hora emprestada dedicada às reformas precisava ser gasta de forma eficiente.

Minha regra rígida era não começar um reparo específico a menos que eu entendesse exatamente como ele era feito, quais eram os erros comuns de iniciantes, além de ter as ferramentas e materiais corretos à disposição.

Também contei com a ajuda de alguns dos meus alunos e membros da família Kung Fu estendida, que entendiam de construção.

Juntos, pintamos, rebocamos, colocamos novas placas de *drywall*, substituímos janelas e reinstalamos portas. A parte mais gratificante, além do resultado final de ter o tipo de lar no qual minha esposa e eu sempre sonhamos em criar uma família, foi que todo o trabalho árduo foi feito corretamente na primeira vez. Isso nos economizou horas preciosas e tornou as reformas mais econômicas.

Humildemente, tenho meu background em Kung Fu e as experiências de aprendizado na arte para agradecer por isso.

"Aprendemos artes marciais como uma forma de ajudar a fraqueza. Você nunca luta para machucar as pessoas. Você está sempre ajudando as pessoas."
—Jackie Chan, ator e coreógrafo

Profissional/Família

Imagine que você seja repentinamente transferido para um departamento diferente no seu trabalho. Você não estaria familiarizado com seus novos colegas e o sistema deles de trabalhar em equipe. Deveria observá-los em busca de pistas? Você receberá uma apresentação oficial de um supervisor?

Na realidade, pode levar várias semanas até que você absorva todos os detalhes do seu novo ambiente e consiga retornar ao padrão de produtividade que espera de si mesmo. Você consegue ser maleável o suficiente para se adaptar a uma nova maneira de fazer as coisas? Consegue incorporar suas melhores ideias e práticas do seu antigo departamento neste? A verdade é que você terá que ser observador, estudando o quadro completo antes que as respostas comecem a tomar forma.

Talvez sua irmã e seu cunhado sejam obrigados a morar com sua família por várias semanas. Sim, vocês já passaram tempo nas casas uns dos outros antes. Mas nunca moraram juntos. Vocês se sentarão para uma conversa cara a cara, discutindo regras e responsabilidades domésticas?

O que você provavelmente perceberá é que, após dois dias de mal-entendidos e certos ressentimentos, a única maneira de fazer a situação funcionar e manter as condições de vida agradáveis para todos é reunir-se como um grupo, encarar o fato de que isso não é fácil e trabalhar juntos para encontrar uma solução.

Tempos Difíceis na Rua/Padrões de Viagem

Nas ruas ou enquanto viaja em transporte público, você pode encontrar alguém visivelmente irritado, sem qualquer contexto relacionado a você.

Eles podem estar despejando linguagem negativa ou violenta no ar, ou podem até dar meio passo em sua direção para acrescentar ênfase ao seu discurso. Claro que precisam de ajuda e provavelmente de aconselhamento.

Muitos transeuntes automaticamente abaixarão a cabeça, praticando a evasão social e se desligando totalmente de alguém que exibe esse tipo de problema. Mas se alguém na sua redondeza está irritado e agindo de maneira instável, é isso que você realmente quer fazer? Perder o contato visual e a defrontação com eles?

Você deve sempre manter sua defrontação nessas situações, mesmo que seja apenas girando os quadris em sua direção enquanto continua avançando.

Talvez você exiba um sorriso, tenha uma palavra gentil para eles ou não diga nada. Mas entrar em uma concha temporária, agindo como se essa pessoa não estivesse lá, tanto o coloca em desvantagem tática quanto tende a desumanizá-los ainda mais.

Já foi furtado por um batedor de carteiras? Alguém já enfiou a mão no seu bolso de trás, mochila, bolsa de ginástica ou de mão para roubar sua carteira ou celular? Isso acontece muito em ruas lotadas.

O culpado pode até estar trabalhando com outra pessoa que estava lá para distraí-lo, talvez esbarrando em você "acidentalmente" e tirando-o do equilíbrio por um momento para que você não sentisse o roubo.

Especialistas dirão que você deve carregar sua carteira e outros objetos de valor no bolso da frente ou em uma bolsa pendurada na frente do corpo, e não no ombro ou nas costas. Imagine um batedor de carteiras tentando roubar de seu bolso da frente enquanto você tem uma defrontação perfeita. Superficialmente, isso parece incrivelmente improvável.

Nos aeroportos, tanto os agentes da Administração de Segurança do Transporte (TSA, na sigla em inglês) quanto do Setor de Investigações do Departamento de Segurança Interna (HSI, na sigla em inglês) usam um tipo de defrontação ao observar indivíduos que podem estar envolvidos em atividades ilícitas, como contrabando.

Esses especialistas na arte da observação captam a aparência de alguém como um todo, observando se estão nervosos, suando, sendo excessivamente amigáveis e falando ao telefone ou enviando mensagens em um momento em que outros não estão. Eles interpretam a linguagem corporal e procuram passageiros com históricos de viagem incomuns que se destacam dos padrões normais.

(Kung Fu Natural) Subindo!

Aprender Kung Fu frequentemente tem sido comparado a escalar a face de uma montanha íngreme. Pode levar muito tempo, esforço e foco para conseguir um apoio substancial na arte.

Kayla Greenberg, que praticou uma infinidade de esportes diferentes enquanto crescia, entende tudo sobre ascender a alturas maiores. Durante o dia, Kayla é professora de educação especial.

Depois da escola e durante os verões, ela é treinadora de escalada, ensinando seus clientes a escalar paredes de rocha que podem chegar a até 18 metros de altura.

Claro, Kayla teve que enfrentar seus próprios obstáculos ao assumir tal desafio.

"Minha história é bastante única no mundo da escalada. Eu tenho medo de altura", observou Kayla, que, como escaladora iniciante, teve uma experiência ruim com o segurador (a pessoa responsável por segurar a corda de segurança durante a escalada). "Subi a parede, e de repente o mundo ficou pequeno demais. Chamei meu segurador: 'Me desce! Me desce!' E, em vez disso, ele continuou tentando me forçar a escalar. Perdi muita confiança por causa disso."

É por isso que Kayla é tão sensível às apreensões pessoais dos novos escaladores.

"'É alto demais. Eu nunca conseguiria escalar até o topo', é o que a maioria deles me diz no começo", contou Kayla. "Eu tento ensiná-los a enxergar o quadro maior, dividindo-o em etapas menores e estabelecendo metas. 'Você é o escalador. Esta é a sua parede. Seu desafio. Você não precisa chegar até lá em cima hoje', eu digo a eles. Cada escalador é único. E eu quero que eles tenham uma experiência de escalada personalizada."

Kayla e um de seus alunos mais novos foram profundamente impactados por essa experiência individualizada na parede.

"Um menino se inscreveu para minha aula. Instantaneamente, pude ver que ele tinha um ótimo movimento e uma técnica natural na rocha, subindo direto até o topo. Então, eu o elogiei e disse para continuar escalando. Na sessão seguinte, ele disse: 'Outro dia você me elogiou e disse que eu era muito bom em escalar. Eu não sabia se você estava falando sério ou não. Veja, eu estudo em uma escola especial. Tenho uma deficiência de aprendizagem. Nunca fui bom em nada antes.'"

Foi um momento emocional e profundamente gratificante para Kayla.

"Isso realmente mudou minha perspectiva sobre o que escalar e ter sucesso em algo pode trazer para a vida das pessoas", relembrou. "Me sinto realmente privilegiada por fazer parte disso."

Três vivas para a Treinadora Kayla e todos os seus escaladores!

Perspectiva de Paul: O Substituto

Durante os anos em que lecionei para adolescentes encarcerados na Rikers Island, ocasionalmente um dos meus colegas educadores faltava por motivo de doença. Isso significava que o Departamento de Educação da Cidade de Nova York (NYCDOE, na sigla em inglês) enviaria um professor substituto. Havia uma lista confirmada de substitutos que já haviam trabalhado na prisão antes.

Mas, de vez em quando, um novato total no ambiente era designado. E se você pensar nos tempos difíceis que você e seus colegas deram para professores substitutos na sua escola, imagine isso acontecendo atrás das grades, especialmente se o professor não tiver experiência nesse sistema.

Um dia, um substituto chegou atrasado e foi forçado a entrar em uma sala de aula na Rikers Island antes que qualquer um dos outros professores tivesse a chance de prepará-lo para o que ele poderia enfrentar—como os alunos adolescentes, que eram tecnicamente detentos, poderiam tentar manipulá-lo em busca de presentes ou favores.

O restante de nós se preocupou com o fato de que aquele professor não havia sido instruído sobre como manter sua defrontação profissional em relação aos alunos ou sobre o que poderia enfrentar, já que os adolescentes perceberiam imediatamente sua inexperiência.

Um dos professores sentou-se no fundo da sala fazendo papelada durante a primeira aula daquele substituto e nos deu um sinal positivo, indicando que ele parecia sensato e capaz de se cuidar. Isso era importante para o restante da equipe.

Por quê? Nós não queríamos que os alunos sequer experimentassem a sensação de estar no controle, pois isso certamente transbordaria para o nosso tempo com eles, nos deixando com a tarefa de conter qualquer confusão que surgisse e reduzindo nosso tempo de ensino.

Pouco antes do almoço, um outro professor e eu estávamos conversando no corredor, observando aquele substituto trabalhar através da grande janela de plástico embutida na parede lateral de cada sala de aula.

Foi quando um aluno apontou para o relógio que o substituto estava usando. Basicamente, conseguimos ler os lábios do aluno. "Ei, esse é um belo relógio. Posso ver?" O substituto, ingenuamente, tirou o relógio e o entregou ao aluno. Como um relógio bem ajustado, houve uma distração no outro lado da sala, capturando a atenção do substituto e fazendo-o se virar para longe do aluno que segurava seu relógio. O relógio foi rapidamente passado para um segundo aluno, que o enfiou fundo no bolso.

O outro professor e eu entramos rapidamente na sala e recuperamos o relógio para o substituto. Os alunos estavam apostando na ideia de que ele ficaria muito envergonhado para relatar que seu relógio havia desaparecido.

Na hora do almoço, vários professores deram ao substituto uma rápida lição sobre como manter sua defrontação em uma sala de aula dentro da prisão. E enquanto ele se dirigia para a próxima turma, chamei-o: "Sabe de uma coisa? Esse relógio realmente é bonito."

Aplicações na Vida

- Alguém lhe dá uma dica sobre uma ação que acredita estar prestes a valorizar. Em vez de investir cegamente o seu dinheiro suado, você faz sua devida diligência primeiro, pesquisando a empresa e observando as tendências do mercado antes de tomar uma decisão sobre comprar ou não a ação.
- Você recebeu a tarefa de marcar o melhor jogador do outro time no mano a mano. Então, você se concentra em manter sua defrontação, acompanhando cada movimento do jogador designado, impedindo-o de se posicionar de forma eficaz.
- Orçar corretamente suas finanças é algo de grande interesse para você e sua família. O início de cada mês começa com você e seu par se mantendo dentro dos limites que estabeleceram. Mas, ao refletir, você percebe que, à medida que os meses passam, acaba se distraindo com eventos dos filhos, convites para jantar com amigos e outras despesas inesperadas. Neste mês, no entanto, você se compromete a não perder de vista sua meta orçamentária.
- Você está em uma trilha de caminhada pela primeira vez. Embora a maior parte da trilha esteja sinalizada, algumas partes não estão. Então, você decide acompanhar seu progresso usando um aplicativo no celular que exibe sua posição à medida que avança na trilha.

"Eu gosto de um diretor que seja muito observador e esteja acompanhando o que estou fazendo... mas que me dê tempo para descobrir por mim mesma."

— Julia Stiles, atriz

CONVIDADA DE HONRA
Julie Ann (Nova York, NY, Estados Unidos)

Si Fu Julie Ann é uma nova-iorquina nata. Ela não foi endurecida pelas ruas da cidade a ponto de perder sua graça e civilidade. Em vez disso, tornou-se profundamente sintonizada com os arredores frequentemente imprevisíveis, ancorada por sua confiança em si mesma, nas pessoas ao seu redor e, claro, em seu Kung Fu.

"Eu ando de metrô desde os 13 anos de idade. Na verdade, costumava carregar um garfo grande como uma forma de proteção legal. Passei boa parte da minha infância com medo. Mas, como adulta e artista marcial treinada, não temo mais o confronto", disse Si Fu Julie Ann, praticante de longa data do Kung Fu Garra de Águia (Ying Jow Pai) e co-proprietária da escola North Sky Kung Fu, localizada em Manhattan. "O Kung Fu ajuda você a evitar conflitos no dia a dia. Ele incentiva a estar sempre presente, e isso proporciona consciência. É a mente e o corpo trabalhando juntos."

Como essa arte pode se manifestar na vida cotidiana?

"Acredito que ela proporciona paciência a mim e a muitos praticantes. Parte da tradução de Kung Fu é '*trabalho árduo e tempo*'. Então, paciência é algo que os artistas marciais desenvolvem e compreendem. A paciência permite que você observe uma situação difícil sem reagir impulsivamente. Isso é algo que se aprende tanto no treinamento quanto no combate."

Graduada pela New York City High School of Music and Art, onde se destacou em ambas as disciplinas, Si Fu Julie Ann eventualmente encontrou o Kung Fu, estudando sob a orientação do renomado Grão-Mestre Shum Leung, que mantinha uma amizade próxima com o Patriarca Moy Yat.

"O domínio das técnicas do Kung Fu Garra de Águia é um verdadeiro tesouro. Há tantas riquezas a serem extraídas do sistema, mas alcançá-las pode exigir tempo e esforço imensos. Alunos que são artistas ou possuem um alto nível de habilidade em algo na vida costumam se sentir atraídos por esse sistema, pois entendem o valor do compromisso. Muitos dos meus alunos são artistas, músicos e jogadores de xadrez."

O treinamento com armas também é uma parte essencial do Kung Fu Garra de Águia. Embora nenhum professor espere que seus alunos enfrentem um conflito de rua com uma arma tradicional, como um bastão ou uma vara, as habilidades adquiridas através desse treinamento oferecem benefícios valiosos.

"Cada arma desenvolve uma habilidade específica no praticante, que pode ser transferida para sua vida diária. O treinamento com armas longas, por exemplo, melhora a coordenação olho-mão e os giros, proporcionando uma consciência de 360 graus do que está ao redor", explicou Si Fu Julie Ann, que desenvolveu expertise no uso do leque como meio de autodefesa. "Em situações reais, um guarda-chuva ou uma bengala podem substituir armas menores, oferecendo um tipo de treinamento que melhora significativamente a movimentação dos pés."

Por que Si Fu Julie Ann acredita que o Kung Fu é tão prático nos dias de hoje?

"Sim, ele ensina você a aprimorar suas habilidades de confronto. Mas também ensina como evitar o confronto e que não há vergonha em simplesmente se afastar — ou até mesmo correr — de uma luta potencial", disse Si Fu Julie Ann, que, após quatro décadas dedicadas à arte, continua treinando diligentemente. "O Kung Fu é uma jornada que nunca termina."

CAPÍTULO 13

UNIDADE CORPORAL (CHAM KIU)

"Quando as aranhas se unem, elas podem amarrar um leão."
— Autor desconhecido

Quando nossos pensamentos e ações estão em harmonia, tendemos a ter mais confiança no caminho que escolhemos seguir. Quando nossos corações e mentes estão em sintonia, nem mesmo grandes desafios nos desviam de nossos objetivos. Esse mesmo tipo de impulso coeso permite que nossos corpos atuem em um nível muito além do que inicialmente imaginamos para nós mesmos.

Atributos Físicos

A segunda forma de mãos livres do Wing Chun, Cham Kiu, coloca muitas das técnicas fundamentais do Siu Nim Tau em movimento, enfatizando a unidade entre mãos e corpo, o trabalho de pés e o equilíbrio dinâmico. Cham Kiu pode ser traduzido como "Procurando a Ponte" ou "Afundando a Ponte"[34]. A ponte representa o caminho para um ponto de contato com o oponente, normalmente um braço ou antebraço, a partir do qual o praticante de Kung Fu pode sentir os movimentos — ou movimentos iminentes — do adversário e então fazer uso da técnica adequada ou assumir uma posição superior.

---

34 A diferença de significado decorre do uso de dois caracteres rigorosamente homófonos, mas com significados distintos: 尋 (buscar) em 尋橋 ("Procurando a Ponte") e 沉 (afundar) em 沉橋 ("Afundando a Ponte").

O Cham Kiu ensina o praticante a desenvolver potência significativa por meio da energia para frente, energia de giro e energia de tração. A forma enfatiza a conexão com o solo e a movimentação sincronizada entre mãos e corpo como fontes de potência. Ela coloca ambas as mãos em ação, combinando técnicas como Bong Sau e Wu Sau (criando uma das várias variações da técnica dupla conhecida como Qwan Sau) e duas defesas simultâneas chamadas Dai Bong Sau. Através das técnicas apresentadas em Cham Kiu, aliadas ao deslocamento, o praticante pode buscar uma ponte até o oponente onde antes não existia nenhuma.

O Laan Sau (Braço em Barra) faz sua estreia no Cham Kiu, sendo uma técnica que pode criar uma ponte. Evoluindo a partir da posição Bong Sau, o Laan Sau mantém o antebraço nivelado com o ombro e paralelo ao corpo, com uma leve rotação para cima. Essa técnica pode ser usada tanto para bloquear e criar espaço quanto para atacar.

Qwan Sau (Bong Sau e Wu Sau)

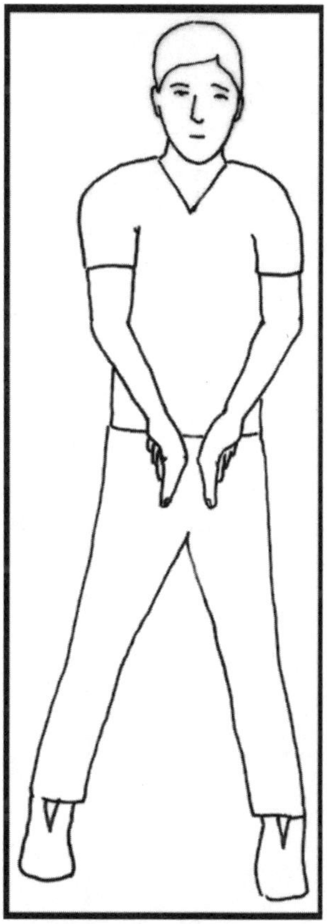

Dai Bong Sau

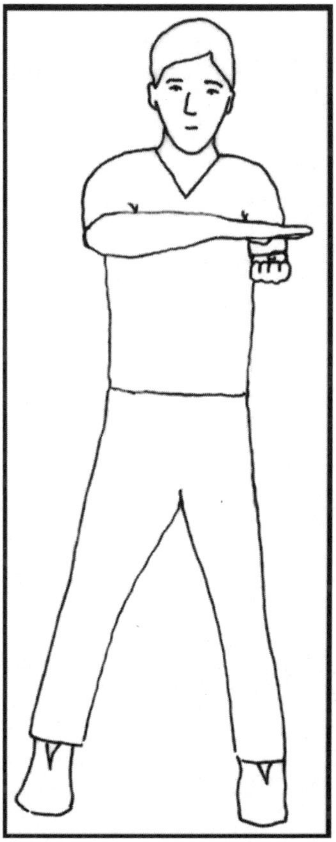

Laan Sau

Ela também apresenta ao praticante dois tipos de chutes: o chute frontal (Dim Geuk) e o chute lateral (Waang Geuk). O Dim Geuk é uma técnica versátil que pode ser usada tanto ofensivamente quanto para bloquear chutes adversários, muitas vezes visando a canela do oponente que está exposta. Ambos os chutes são projetados para atingir alvos abaixo da cintura. Assim como os socos do Wing Chun, os chutes do sistema são desenhados para que, mesmo se o golpe errar o alvo, o equilíbrio do praticante não seja comprometido.

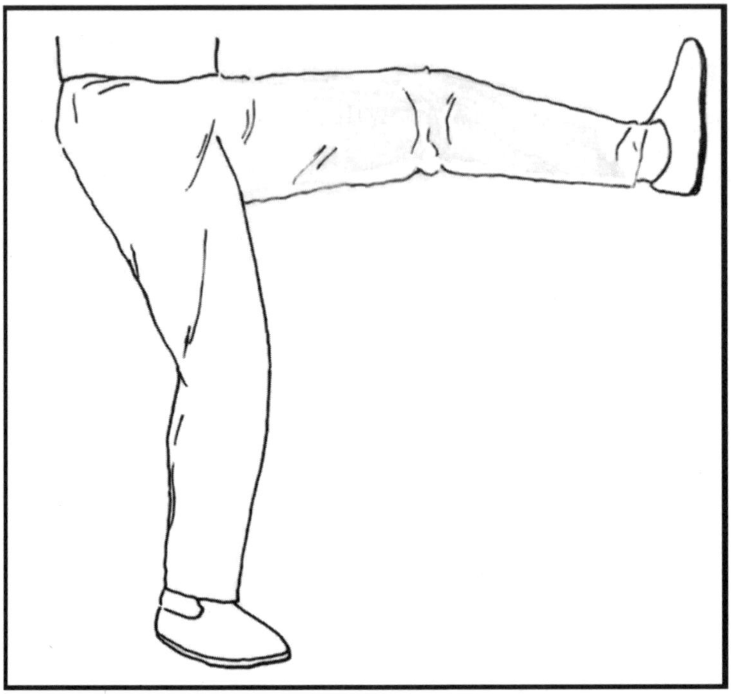

Dim Geuk

Waang Geuk

Para uma demonstração visual, acesse o QR Code e assista o vídeo 16 **William Moy: Demonstrando Cham Kiu**

(Da Minha Vida) Abrindo a Ostra

Em 1953, meu pai tinha 15 anos de idade. Ele havia acabado de se mudar de Gwangdong, China, para Hong Kong. Sua história era semelhante à de muitos outros imigrantes que deixavam a China continental, então sob o governo comunista de Mao Zedong, em busca de mais liberdade e de melhores oportunidades econômicas em Hong Kong, que na época estava sob domínio britânico.

O mundo ao redor estava em constante mudança. Dwight D. Eisenhower havia sido empossado como o 34º presidente dos Estados Unidos (na época, o país tinha apenas 48 estados). Elizabeth II acabara de ascender ao trono no Reino Unido, Nikita Khrushchev estava subindo ao poder na União Soviética, e Fidel Castro começava a consolidar seu controle sobre Cuba.

A Segunda Guerra Mundial havia terminado apenas oito anos antes, e grande parte da Ásia ainda sofria com dificuldades econômicas, com vastas populações desempregadas.

Assim que chegou a Hong Kong, meu pai começou a procurar trabalho para ajudar sua família. Mas, sendo jovem e sem experiência, encontrar um emprego não era tarefa fácil.

Além de passar os dias indo de loja em loja à procura de donos que precisassem de ajudantes, ele também frequentava agências de emprego, onde havia filas enormes de pessoas disputando oportunidades.

Para aumentar suas chances, ele passou a chegar bem cedo nesses escritórios, antes mesmo da abertura oficial, garantindo um lugar à frente da fila. Junto a centenas de outros candidatos, ele esperava ansiosamente por uma chance.

Quando as portas da agência se abriam, todos corriam para um grande salão, aguardando que o primeiro atendente surgisse com uma ficha anunciando uma nova vaga de trabalho. Por dias, meu pai observou o processo — os poucos que conseguiam uma oportunidade e os muitos que saíam de mãos vazias.

Mas, naquela manhã em particular, ele decidiu que precisava ser mais proativo.

Assim que o atendente apareceu no salão, antes mesmo que começasse a ler a descrição da vaga, o braço do meu pai disparou para cima enquanto ele gritava: "Eu aceito! Eu aceito!" Levantando-se rapidamente, ele arrancou a ficha da mão do atendente e saiu correndo rumo ao seu primeiro emprego em um novo país. Não importava que ele não soubesse qual era o trabalho ou onde seria. O que importava era que ele estava criando seu próprio impulso em direção ao sucesso.

Cham Kiu significa "Procurando a Ponte". Envolve ativamente procurar algo, uma conexão com o oponente no contexto do combate. Mas esse conceito também pode ser aplicado a muitos outros aspectos da vida.

Suas ações precisam ser diretas e claras, assim como foram as do meu pai naquela agência de empregos. O tipo de trabalho oferecido não era importante para ele. Como um jovem com muito a aprender, ele tinha fome de conhecimento e crescimento.

Se ninguém estivesse disposto a treiná-lo, ele se treinaria por conta própria. O estudo e a leitura tornaram-se partes de sua jornada pessoal. Para ele, agarrar aquela ficha de emprego foi a ponte que o levou para o outro lado.

"O que há de grandioso no homem é que ele é uma ponte, e não um fim em si mesmo."

— Friedrich Nietzsche, filósofo alemão

Movimento Unificado na Sociedade e nos Esportes

As lições dinâmicas do Cham Kiu, com sua capacidade de conectar-se aos outros e gerar potência a partir de um corpo unificado e ritmado em movimento, têm claros paralelos no mundo ao nosso redor.

Considere os movimentos de protesto pelos direitos das mulheres, direitos civis e outras causas, desde meados do século XIX até os dias de hoje. Quando um grupo de pessoas se une em prol de uma mesma crença, sua unificação os torna mais fortes do que qualquer voz isolada. Coloque-os em movimento, seja em uma marcha de protesto ou em um boicote econômico, e suas ações provavelmente criarão uma ponte para outras pessoas, sejam elas de pensamento semelhante ou diferente, promovendo conexões, diálogos e debates.

Trabalhadores em greve por melhores salários e condições encontram maior força através de atividades coordenadas. Basta considerar o significado da palavra "sindicato" (*union*, em inglês): "o ato de estar unido, ou uma associação de pessoas com interesses comuns."

Em uma eleição, múltiplos candidatos e seus apoiadores estão em movimento, organizando campanhas. Seu objetivo é conectar-se com os eleitores, criando uma ponte de apoio que pode levá-los à vitória nas urnas.

Pense em todos os elementos em movimento de uma banda marcial de colégio ou universidade, seja durante o intervalo de um jogo de futebol americano ou em um desfile pela avenida principal. Desde os regentes de bateria até os músicos de sopro, metais e percussão — sua performance física e rítmica cria uma conexão com o público.

Em Ohio, jovens músicos aspirantes frequentemente sonham em fazer parte da banda da Universidade Estadual de Ohio, famosa por formar, em uma intrincada coreografia, a palavra *"Ohio"* escrita em letra cursiva durante suas apresentações. O efeito visual e a precisão dos movimentos dão à performance uma força coletiva impressionante, como uma engrenagem bem ajustada. Mas quem tem a honra de marcar o ponto sobre o "i" minúsculo? Normalmente, esse privilégio pertence a um músico veterano que toca sousafone.

A postura dinâmica de um esquiador descendo uma pista muda constantemente para se adaptar a uma infinidade de forças, incluindo o terreno e a velocidade desejada. O equilíbrio é fundamental, e a posição das costas do esquiador, assim como a de um praticante de Kung Fu, quase sempre se mantém neutra. Assim como no Wing Chun, o esquiador forma um triângulo estrutural com a parte inferior do corpo, usando tornozelos, joelhos e quadris para garantir estabilidade, potência e controle.

Agora observe um levantador de peso realizando o movimento "clean and press", como nas Olimpíadas. No momento em que o peso atinge a posição 'clean' sobre os ombros, há uma rápida elevação dos cotovelos e uma extensão explosiva do quadril. Os pés, assim como no Kung Fu, agarram firmemente o chão como fonte de potência, com o ponto de equilíbrio localizado no meio da sola. O corpo precisa estar em perfeita harmonia para executar essa manobra desafiadora, e isso antes mesmo de iniciar a segunda fase do movimento, o "press". Naturalmente, a força, sem uma técnica refinada, tende a falhar nesse tipo de arena.

(Kung Fu Natural) Dança e Unidade Corporal

De muitas maneiras, Cham Kiu se assemelha a uma dança bem coreografada, com o praticante se movendo pelo chão, sincronizando os movimentos da parte superior e inferior do corpo em perfeita harmonia. Curiosamente, Bruce Lee competiu e venceu torneios de cha-cha-cha enquanto Moy Yat era um dançarino experiente de salão.

Susan McGreevy-Nichols é a diretora executiva da National Dance Education Organization (Organização Nacional de Educação em Dança), que promove a dança em todas as suas formas para estudantes em todo o país. Há quase quatro décadas, Susan — uma coreógrafa nata, que visualiza os movimentos na mente antes de torná-los realidade no palco — inspira alunos a tornarem a dança parte de suas vidas.

"É tanto um exercício físico quanto uma forma de arte", disse McGreevy-Nichols. "São necessários muitos processos cognitivos para criar e depois aprender uma coreografia."

Dança e artes marciais há muito tempo caminham juntas, com muitos bailarinos, tanto homens quanto mulheres, praticando artes marciais como parte de seu treinamento.

"Tive um aluno que era boxeador e começou a estudar dança. Ele estava se preparando para a seleção da Equipe Júnior Olímpica e acreditava que seu tempo na dança ajudou muito em seu jogo de pés no boxe", lembrou McGreevy-Nichols.

Existe uma conexão entre passos de dança predefinidos e o aprendizado de uma forma de artes marciais?

"Sem dúvida. Para se tornar um intérprete melhor, primeiro você precisa aprender a sequência e internalizá-la através da memória muscular", explicou McGreevy-Nichols. "Só então você pode trabalhar nos pequenos detalhes e receber feedback de um professor. A arte da dança promove unidade corporal. Ela cria isso por meio da coreografia, que na verdade é uma forma de resolução de problemas, fazendo o corpo se mover em harmonia, resultando em eficiência e clareza de expressão."

Aplicações na Vida

► O caminho para pedestres no parque local fica inundado após uma forte tempestade. Em resposta, alguém coloca duas tábuas de madeira atravessadas sobre a área alagada, criando uma ponte improvisada.

► Você vai a uma festa de um amigo onde a maioria dos convidados são estranhos para você. Assumindo a iniciativa de criar conexões, você se apresenta a diferentes pessoas, perguntando sobre suas vidas e compartilhando sobre a sua.

- Você desenvolveu um corte preciso no pingue-pongue, sincronizando a rotação do ombro e do punho exatamente no momento do contato com a bola.
- Enquanto seu filho vira a página de um livro pop-up, os mecanismos que controlam os diferentes elementos — cenário, dobras em V, caixas cilíndricas e camadas flutuantes — trabalham em uníssono, criando um efeito visual dinâmico e cativante.

"A unidade é visão; ela deve ter sido parte do processo de aprender a ver."
— Henry Adams, historiador, escritor e pensador político norte-americano

Hank 'Martelando' Aaron

Quando Henry "Hank" Aaron se aposentou do beisebol em 1976, ele era o rei dos home runs de todos os tempos, tendo marcado 755 home runs ao longo de sua ilustre carreira de 21 anos. Não importava que o rebatedor destro, nascido em Mobile, Alabama, tivesse apenas 1,83 m de altura e pesasse 81 kg. Sim, havia jogadores maiores e mais fortes do que Aaron. Mas isso não fazia diferença.

O que realmente importava era sua técnica impecável no bastão. E, embora não fosse praticante de artes marciais, Aaron era um verdadeiro exemplo de consistência no Kung Fu, combinando múltiplas fontes de potência em um ritmo impecável para mandar as bolas de beisebol para além dos muros do campo.

Como Hank Aaron fazia isso?

Um instante antes de iniciar o swing, Aaron inclinava a parte grossa do bastão em direção à base principal. Esse era seu gatilho mecânico, ajustando perfeitamente seu timing e estrutura para a rebatida.

Aaron era conhecido por seus pulsos enormes e poderosos. Ao

fazer contato de seu taco com a bola de beisebol, Aaron virava seu pulso superior, criando torque imenso.

Esse movimento também lhe permitia manter um plano de rebatida mais nivelado, facilitando o acerto de bolas rápidas no topo da zona de strike[35].

Sua técnica resultava em rebatidas mais retas (*line drives*), sem a necessidade de cortar a parte inferior da bola para gerar elevação artificialmente.

O impacto era como se estivesse golpeando a bola com um martelo, em vez de um bastão, tudo graças à sua capacidade de sincronizar todo o corpo em um único e fluido movimento.

35 A zona de strike (*strike zone*) no beisebol é a área imaginária sobre a base principal (home plate), onde um arremesso válido deve passar para ser considerado um strike, caso o rebatedor não tente rebatê-lo.

CAPÍTULO 14

CRIANDO ALAVANCAGEM PARA NÓS MESMOS

"A maneira mais comum pela qual as pessoas abrem mão de seu poder é pensando que não o possuem."

— Alice Walker, escritora

A alavancagem não deve ser usada para exercer domínio sobre os outros para alimentar o ego. Trata-se de um conceito mecânico que se manifesta frequentemente no âmbito profissional, social e na sociedade em geral. Em todas as suas formas, a alavancagem existe para aprimorar nossas vidas e servir como um trampolim para uma existência mais produtiva.

Atributos Físicos

O Kung Fu, e o Wing Chun em particular, como um sistema concebido por uma mulher, enfatiza o uso da alavancagem em vez da força bruta, permitindo que alguém menor e fisicamente mais fraco supere um oponente maior. Sua aplicação é um estudo fundamental de física.

O Kung Fu obtém grande parte de sua fonte de potência ao utilizar a vantagem mecânica de transformar o corpo humano em múltiplas alavancas. Esse conceito é ainda mais amplificado por meio do posicionamento correto e do alinhamento de suas técnicas fundamentais e ângulos aplicados. Cotovelos, punhos, quadris e joelhos são aliados essenciais na criação de alavancagem, assim como a firme conexão com o solo, permitindo ao praticante dissipar uma força recebida.

Aqui está um exemplo do uso da alavancagem no sistema:

1. Faça um Bong Sau com seu braço direito.

2. Agora, peça a alguém para atuar como um oponente simulado, colocando seu braço esquerdo estendido sobre sua técnica, com o punho ultrapassando apenas um ou dois centímetros além do centro do seu Bong Sau. (Normalmente, sua mão esquerda estaria em Wu Sau, servindo de apoio atrás do Bong Sau, pois sempre buscamos manter as duas mãos ativas e funcionais).

3. Agora, abaixe o cotovelo direito para baixo, usando-o como um ponto de apoio para transformar seu Bong Sau em um Taan Sau.

4. Esse movimento simples desviará o soco adversário do centro, abrindo um caminho para que você use seu cotovelo como alavanca para desferir um soco ou golpe de palma no alvo.

Transição de Bong Sau para Taan Sau e a criação de uma abertura

No chute frontal (Dim Gerk), o joelho é elevado até ficar paralelo ao quadril, transformando a coxa em uma superfície plana imaginária, que se estende do quadril até o joelho elevado.

À medida que o chute é impulsionado para frente, com o calcanhar como ponto de impacto na linha central, cria-se alavancagem por meio da ação combinada de três articulações—quadril, joelho e tornozelo—adicionando potência essencial ao chute frontal.

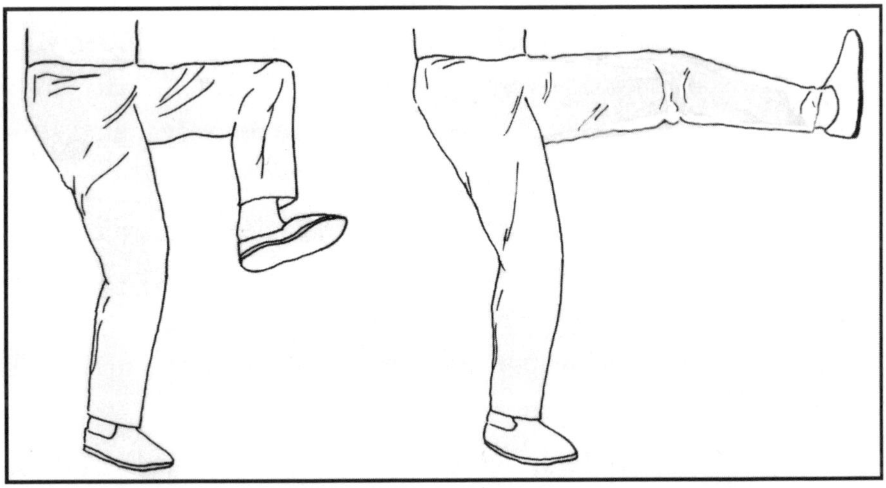

Dim Geuk com elevação do joelho até a extensão da perna

Para uma demonstração visual, acesse o QR Code e assista o vídeo 17 **William Moy: Demonstrando Alavancagem**

(Da Minha Vida) Alavancagem Artística

Uma das maneiras de criar alavancagem é estar armado com todas as informações disponíveis. Para esse propósito, o Sistema Wing Chun possui uma técnica chamada Man Sau, ou Mão que Pergunta. Ela é realizada estendendo os braços ao máximo, em um movimento ascendente e varrido. Não se trata de um ataque, mas sim de uma forma de sondar, receber e interpretar informações.

Usei o conceito de Man Sau muitas vezes na minha vida sem precisar levantar fisicamente os braços. Meu objetivo, geralmente, era perceber e entender uma situação em desenvolvimento por meio de palavras, expressões faciais ou outras ações físicas não ameaçadoras, com a esperança de me posicionar da melhor maneira possível.

Certa vez, ainda adolescente e magro, quando tive certeza de que dois caras no metrô de Nova York pretendiam me roubar, virei os bolsos da jaqueta do avesso e anunciei: "Olhem, eu não tenho dinheiro." Isso deu a eles a informação de que precisavam, e a situação se dissolveu.

No sétimo ano, fiquei obcecado com a ideia de ser aceito na High School of Art and Design[36], uma escola especializada em Manhattan, conhecida por ter ex-alunos de destaque em várias áreas artísticas. A escola era famosa por seus cursos de arte de alto nível, algo que me interessava completamente.

Eu tinha um grande amigo cujo irmão mais velho já havia se formado nessa escola. Nós dois, aspirantes a artistas, ficávamos maravilhados com os desenhos a lápis dele e esperávamos estudar no mesmo programa.

A admissão não era fácil. Para entrar, era necessário passar por um teste de admissão municipal, que oferecia apenas algumas vagas para um grande número de candidatos.

Quase dois anos antes desse teste, comecei a me preparar para provar meu valor. Me desafiei a explorar vários gêneros de desenho e pintura, incluindo carvão, tinta a óleo e aquarela. Voluntariava-me para tudo na minha escola que envolvesse arte: pintava murais nas

36 A High School of Art and Design (HSAD) é uma das escolas públicas mais renomadas de Nova York, focada em arte e design. Ela tem uma história significativa e é considerada uma das principais escolas de ensino médio para estudantes que desejam seguir carreira nas artes visuais, design, moda, arquitetura e outras disciplinas criativas.

paredes, criava cenários para peças escolares, produzia cartazes para eventos e campanhas.

Os professores — especialmente minha professora de arte — sabiam que podiam contar comigo para criar algo digno.

Finalmente, chegou o dia do teste. Ao entrar pelas portas imponentes daquela escola renomada, sonhava com tudo que poderia conquistar ali. Estava um pouco nervoso e, na minha lembrança, todo o processo de entrevista e exame foi um borrão.

Uma semana depois, recebi a notificação por correio. No dia seguinte, quando cheguei à escola, minha professora de arte me parabenizou por ter sido aceito. Infelizmente, tive que explicar a ela que não fui escolhido.

Minha professora, visivelmente incomodada com a notícia, apenas disse: "Vou precisar fazer uma ligação."

Naquele momento, eu não sabia o que isso significava. Mas, alguns dias depois, fui aceito na Art and Design.

Aparentemente, o comitê de seleção sempre reserva algumas vagas adicionais para estudantes talentosos que, por algum motivo, foram inicialmente ignorados ou mal avaliados.

"Isso não é tratamento especial. Não tem nada a ver comigo.

Você realmente merece essa oportunidade. Eu apenas os ajudei a enxergar quem você é e o que conquistou."

Essas foram as palavras da minha professora de arte quando celebramos minha aceitação.

Hoje, olhando para trás, vejo que, através do meu trabalho árduo e dedicação, criei minha própria forma de alavancagem. E essa alavancagem inspirou uma professora a colocar sua própria reputação em jogo por mim.

Ela tinha todas as informações sobre mim como artista, colhidas ao longo dos últimos dois anos, e garantiu que o comitê de seleção tivesse acesso a essa informação também.

"O conhecimento é amor, luz e visão."
— Helen Keller, ativista, autora e palestrante americana

Em Nossas Vidas

Muitas vezes, criamos alavancagem para nós mesmos no trabalho. Talvez sejamos os únicos que conseguem realizar uma determinada tarefa. O único funcionário que fala vários idiomas. O vendedor exclusivo que tem um bom relacionamento com um cliente importante. Ou até o único que sabe consertar a máquina de cópias, evitando outro chamado técnico para o fabricante (basta dar um leve empurrão com o quadril, um toque sutil no ponto exato).

E todos nós estamos familiarizados com a piada que corre de que o Departamento de TI aparentemente comanda muitas empresas da Fortune 500, porque os outros funcionários, supervisores e executivos, em geral, não têm tanta habilidade técnica. Quando o sistema sai do ar e nada mais pode ser feito, quem você vai chamar? T-I!

A melhor maneira de criar alavancagem é ter conhecimento sobre uma situação. Quanto mais conhecimento você tiver, mais poderá se separar do resto, se destacando. Claro, você também pode escolher compartilhar seu conhecimento com os outros, tornando-se um ponto de alavanca ou fulcro para que eles possam exercer a própria alavancagem. Isso faz de você altamente valioso para a equipe.

De fato, é uma qualidade pela qual muitos dos executivos de empresas mais reconhecidas no mundo, líderes militares, funcionários do governo, treinadores e professores se orgulham.

Os bancos possuem alavancagem financeira, pois têm dinheiro disponível quando decidem conceder um empréstimo ou uma hipoteca, cobrando juros. As empresas têm algo chamado alavancagem operacional, onde seus lucros aumentam, mas os custos permanecem os mesmos.

Todos nós estamos interessados em alavancar nosso tempo, sem dúvida o recurso mais precioso que temos. Fazemos agendas para nós mesmos e determinamos quais atividades são mais vitais para nosso sucesso ou bem-estar: estudo, exercício, compromissos sociais, atividades familiares. Quais serão suas motivações para decidir quanto tempo alocar para cada uma delas?

Considere o treinador de futebol americano da NFL cujo time já está 16 pontos à frente no placar, com apenas alguns minutos restantes no relógio do jogo. Ao chamar as jogadas ofensivas da linha lateral, o treinador deseja manter o relógio em movimento. Marcar mais pontos agora está mais baixo na lista de prioridades. Esse time preferiria alavancar o tempo tentando fazer o relógio correr. Enquanto isso, do outro lado, o treinador adversário está usando os últimos pedidos de tempo para alavancar sua capacidade de preservar tempo.

Também usamos alavancagem em nossos relacionamentos. Quem queremos ao nosso redor? Essas pessoas ou grupos nos ajudarão a crescer e trazer positividade para nossas vidas? E há outras pessoas das quais precisamos nos distanciar? Ter todas as informações necessárias ajudará você a tomar a decisão certa.

(Kung Fu Natural) Uma Pioneira do Beisebol

Durante sua carreira como jogadora profissional de beisebol, Ila Borders, que quebrou a barreira como a primeira mulher a iniciar e vencer uma partida profissional masculina, demonstrou uma abundância de Kung Fu natural. Ela realizou essa conquista em 1998, enquanto jogava nas ligas menores pelo Duluth-Superior Dukes. Com 1,75 m de altura e pesando 68 kg, Ila, competindo contra homens muito maiores e mais fortes, usava alavancagem e posicionamento (colocação do arremesso) para superar sua desvantagem física.

"Eu quebrava meus movimentos. Eu realmente tinha que estar em sintonia com meu corpo para tirar cada centímetro de potência dessa estrutura de 1,75 m. Eu até me certificava de impulsionar o montículo[37] usando o meu dedão do pé para produzir mais força. Minha bola rápida alcançava cerca de 134 ou 135 km/h, mas eu a posicionava corretamente no momento certo, seja no canto externo da base principal ou para dentro do batedor. Alguns arremessadores jogam a 90 milhas por hora. Mas, se for sobre o meio da zona de strike, o batedor vai acertá-la de qualquer forma", disse a arremessadora canhota Borders, que jogou na Little League, no ensino médio e na faculdade, recebendo uma bolsa de estudos completa para a Southern California College.

Ao longo de sua carreira, Borders enfrentou muitas pressões externas, que precisavam ser redirecionadas para que ela tivesse sucesso. "Eu falo sobre desenvolver disciplina constante, eliminar distrações e saber o que te distrai. Em vez de permitir que essas coisas causassem medo e prejudicassem minha performance, eu as transformava em combustível para me dar força. As pessoas gritaram comigo, me xingaram, foram hostis de várias formas e até jogaram cerveja em mim nos estádios das ligas menores," recordou Borders. "Eu não deixei isso me desviar porque eu tinha um propósito forte na minha vida. Eu estava destinada a fazer algo — a me tornar a primeira mulher a arremessar no beisebol profissional masculino, e ser a melhor nisso."

Além de perseguir apaixonadamente seu próprio sonho, Borders estava construindo pontes através de sua carreira no beisebol. "Talvez eu não percebesse isso na época, mas percebo agora. Essa é a parte da qual me sinto realmente bem, construir essas pontes e ser capaz de me conectar com as pessoas. Eu não ia para casa depois de um jogo até assinar cada bola para cada criança. Isso era uma responsabilidade para mim," disse Borders, que acredita ter inspirado muitos meninos, assim como meninas, a perseguir seus sonhos.

37 O montículo (em inglês mound) é a elevação do terreno onde o arremessador se posiciona para lançar a bola no beisebol.

Quando sua carreira no beisebol chegou ao fim, Ila Borders construiu pontes sociais de outra maneira, ao se assumir como lésbica. “Sair do armário e contar minha história foi extremamente assustador para mim. Eu achava que perderia meus amigos e minha família. Mas também é construir pontes porque outras pessoas vão dizer, ‘Ila fez isso, eu também posso fazer.’ Esperançosamente, se eu puder fazer uma pessoa ter mais coragem em si mesma, então isso é uma vitória para todos.”

Hoje, Ila Borders é bombeira-paramédica em tempo integral em Oregon, ocupando o cargo de capitã. “Eu ajudo as pessoas, às vezes no pior dia de suas vidas. Para mim, é o melhor trabalho do mundo — junto com o beisebol.”

Aplicações na Vida

▶ Toda manhã, você pergunta tanto para a Siri quanto para o Google sobre o clima lá fora. A informação é útil, mas você nunca decide se levará um casaco para o trabalho até depois de passear com o cachorro e experimentar o clima por si mesmo.

▶ Você usa uma carrinho de mão para mover 50 libras de terra do seu quintal para a frente da sua casa, criando alavancagem para cima nas alças da carrocinha, com a roda única funcionando como fulcro.

▶ Você pede um aumento de salário, destacando o fato de que no mês passado você conquistou uma grande conta para a sua empresa, que agora representa quase 20% da receita total dos negócios.

▶ Da mesma forma que você usa uma chave de fenda para girar um parafuso, você usa seu Kung Fu para aliviar as cargas mais pesadas da vida.

"Criatividade é o poder de conectar o aparentemente desconectado."

— William Plomer, romancista e poeta sul-africano/britânico

Um Corpo, Uma Polegada

Jessica Rose, uma atual Professora de Cirurgia Ortopédica na Universidade de Stanford, conduziu um estudo em 2014, quando era pesquisadora biomecânica naquela mesma instituição, sobre o lendário soco de uma polegada do Wing Chun Kung Fu. Ela escolheu o exemplo mais famoso do golpe surpreendentemente poderoso, executado por Bruce Lee em um evento de artes marciais em Long Beach, Califórnia, em 1964.

Mas como o poder de derrubar um oponente vários metros para trás poderia ser gerado no espaço de apenas uma polegada? De acordo com as descobertas de Rose, após examinar o filme granulado em preto e branco do golpe em questão, é tudo sobre coordenação e timing combinados com o poder da alavancagem.

Começa com o contato com o solo e tornozelos, logo antes da extensão dos joelhos de Lee, enquanto ele está parado em um lugar com seu braço quase totalmente estendido. Em quase o mesmo movimento, seus quadris giram e o ombro se projeta. Então o cotovelo, amplificando essa alavancagem, avança.

Finalmente há um movimento do pulso. Ao alavancar a força coordenada de quase todo o corpo em uma área minúscula, e então puxar de volta quase imediatamente após o impacto, comprimindo assim a força aplicada ainda mais, o soco de uma polegada encontra seu poder incrível. E isso é apropriado para um sistema de luta de curta distância como o Wing Chun.

Você pode estar familiarizado com uma cena de Kill Bill: Volume 2, na qual a personagem The Bride (A Noiva), interpretada pela atriz Uma Thurman, usa um soco de uma polegada para escapar de um caixão enterrado.

É interessante notar que poucas das descobertas da Professora Rose são aplicáveis aqui para justificar tal poder em um soco, pois a dinâmica e o posicionamento (por estar horizontal) são tão diferentes. Bem, é o cinema.

CAPÍTULO 15

UM MODELO DE EFICIÊNCIA

"O tempo permanece o suficiente para qualquer um que souber usá-lo."
— Leonardo da Vinci, polímata italiano

Ser eficiente tanto em nossas vidas pessoais quanto profissionais é uma qualidade à qual todos podemos aspirar a dominar. Isso porque a recompensa pode ser algo incrivelmente valioso e significativo para todos: tempo não desperdiçado.

Atributos Físicos

O Kung Fu, e em particular o Wing Chun, é um modelo de eficiência nas Artes Marciais. Porque o Wing Chun é um sistema de luta de curta distância, com socos, chutes e técnicas para desestabilizar o oponente, ele é projetado para que o praticante chegue à área de alvo, que está na Linha Central do corpo, primeiro. A forma ideal de fazer isso é ser reto e direto, sem desvios ou curvas.

O encadeamento de socos do Wing Chun (Yat Ji Jung Choei) incorpora esse princípio, funcionando como os pistões de um motor bem ajustado, um soco após o outro, com a punho direito ou esquerdo nunca saindo da Linha Central. Isso dá ao praticante uma vantagem sobre um oponente cujos socos viajam grandes distâncias ou precisam ser puxados para trás para ganhar impulso suficiente.

De fato, o encadeamento de socos é tão eficiente que eles estão sempre prontos para avançar a partir de sua posição atual, sem nunca se afastar do alvo (sem retroceder).

Também nunca defendemos fora da linha de limite do nosso corpo. Por exemplo, o Paak Sau se estende até o limite do ombro (fazendo o bloqueio com a mão oposta) e nunca mais do que isso.

Esse tipo de eficiência é ainda mais evidenciado pelo sistema Wing Chun, que foi projetado para nunca perseguir a mão do oponente. Em vez disso, permanecemos focados em perseguir seu centro. Se o soco do oponente atingir o centro, podemos enfrentá-lo ali, seja bloqueando e retornando a pressão com um Paak Da, ou socando através dele, fechando-o com a parte inferior do nosso antebraço estendido e transformando nosso único soco reto em uma combinação ultra eficiente de bloqueio/ataque, obtendo dois resultados em um único movimento.

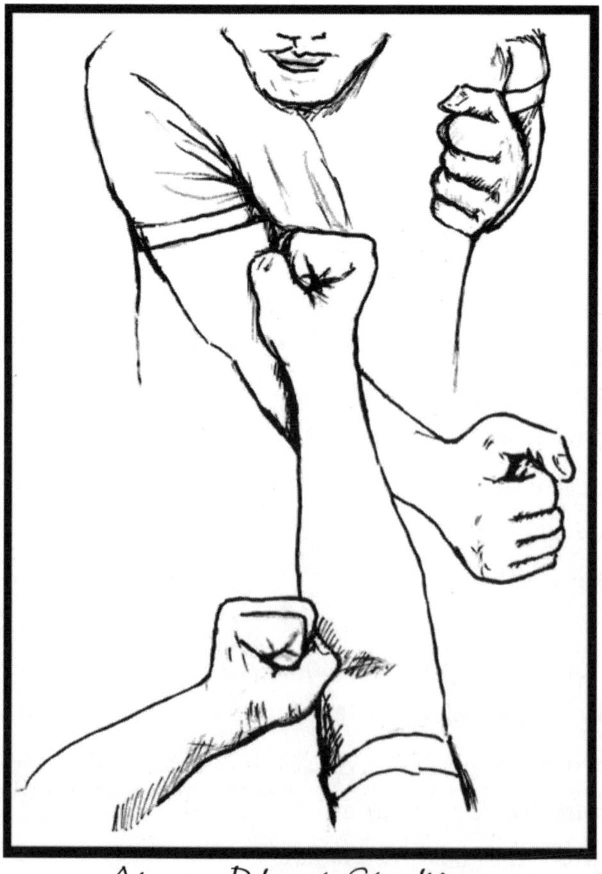

Ataque e Bloqueio Simultâneos

(Da Minha Vida) Uma Imagem Inapagável

Ao voltar no tempo e olhar para minha vida, vejo tanta influência de meu pai sobre ela e do impacto do Kung Fu que eu aprendi com ele. Eficiência, simplicidade, objetividade, criatividade pessoal e humildade — esses são alguns dos alicerces da arte, os tipos de qualidades que podem tocar e guiar sua existência diária.

Às vezes, essas qualidades aparecem no simples ato de sentar-se em uma cafeteria, uma lanchonete ou um restaurante onde os funcionários conhecem você, chamando você pelo nome. Eles te acomodam na sua mesa ou cabine favorita sempre que está disponível. Eles automaticamente servem seu café ou chá porque já sabem como você gosta. E você pode ter conversas pessoais com eles, sem precisar olhar para o crachá.

Meu pai era um mestre em ser eficiente, e ele fazia com que viver uma vida multifacetada parecesse simples. Ele tinha um relacionamento maravilhoso e amoroso com minha mãe, e juntos fizeram muitas coisas. Além de ter uma forte participação na minha criação, ele fez o mesmo pelas minhas duas irmãs. Mas não parava por aí, como frequentemente acontece com a maioria das famílias. Pois meu pai também tinha sua família Kung Fu para cuidar diariamente. Havia seus irmãos e irmãs Kung Fu na China, e, mais importante, seu si fu, Ip Man, que infelizmente faleceu em 1972, aos 79 anos.

Depois, havia os alunos do meu pai, os que moravam em Nova York e treinavam sob sua orientação várias vezes por semana. Também havia os alunos que de outras partes dos Estados Unidos e do mundo, que recorriam a ele para conselhos ou para comemorar alguma conquista em suas vidas.

E mesmo com tudo isso, não me lembro de um único momento claro em que meu pai parecesse pressionado pelo tempo ou sobrecarregado pela vida.

Além de tudo isso, meu pai continuou sendo um artista dedicado — pintando e desenhando até seus últimos dias. Ele de alguma forma viveu uma vida intensa enquanto permanecia na pista lenta, respeitando seu próprio tempo. Em vez de as pessoas reagirem com uma buzinada para ele acelerar, os indivíduos com quem ele teve contato por qualquer período de tempo, especialmente seus alunos, diminuíam o ritmo para acompanhá-lo em sua jornada movida pelo Kung Fu.

Na minha memória visual, ainda posso ver meu pai chegando em seu restaurante favorito de Chinatown para o almoço de sábado, geralmente após dar uma aula pela manhã. Com alguns de seus alunos ao seu lado, esperando para discutir uma prática recém-concluída e os desafios da vida que enfrentariam na próxima semana, um garçom o conduz até sua mesa regular, antes de lhe entregar seu jornal favorito. Enquanto meu pai começa a ler as manchetes, ele mantém um ouvido atento à conversa de seus alunos, entrando na conversa apenas quando necessário.

De muitas maneiras, é uma imagem de Vida Kung Fu que eu ficaria feliz em passar para você.

"Não perca tempo batendo numa parede, esperando transformá-la em uma porta."

— Coco Chanel, empresária

Eficiência Pessoal

Talvez você viva sua vida com um cronograma apertado. Sua semana de trabalho normalmente está cheia, do começo ao fim, com deslocamentos, reuniões, clientes e outras responsabilidades relacionadas ao trabalho.

Seus finais de semana também parecem ser delimitados por horários específicos, como levar as crianças para suas diversas atividades, fazer reparos na casa, fazer compras no mercado e até lavar roupas. Não é de se admirar que você não tenha energia para separar as roupas por cores. Mas pense bem. Ninguém vive realmente de acordo com um cronograma. Ele é apenas uma orientação para nos manter em movimento, uma estrutura que evoca a imagem de eficiência. Mas será que você é realmente eficiente?

Quando você realiza cada atividade, você está dando o seu melhor? Está totalmente focado? É possível que, ao fazer menos atividades, você pudesse realizar as que escolhe fazer em um nível muito mais alto? Acho que tudo depende de como você julga pessoalmente o conceito de eficiência. Se você conciliou suas compras no supermercado com a entrega das crianças nas suas atividades de fim de semana, fazendo uma viagem de carro a menos como resultado, parabéns. Isso é um bom exemplo de Kung Fu natural.

Muitas pessoas, e as empresas para as quais elas trabalham, descobriram uma nova definição de eficiência durante a pandemia de Covid-19. Com mais pessoas trabalhando de casa, e o tempo e a energia economizados pela ausência do deslocamento, tanto os funcionários quanto seus empregadores tiveram a oportunidade de reavaliar o conceito de eficiência. Em que direção o pêndulo se inclinou? A Universidade de Chicago pesquisou o tema e concluiu que os funcionários que não precisavam se deslocar dedicaram aproximadamente um terço do tempo economizado para suas principais tarefas de trabalho.

Praticantes de Kung Fu são reconhecidos por manterem ambas as mãos ativas, prontas para produzir o resultado desejado a qualquer momento com qualquer um dos membros. Eles também podem aplicar um ataque de três elementos — usando uma técnica de duas mãos e adicionando uma perna ao conjunto, alcançado por meio da manutenção do equilíbrio adequado, para que a perna restante no chão possa sustentar o corpo adequadamente. Você pode conseguir algo assim em sua vida familiar, social ou profissional?

Ninguém conhece melhor sua vida do que você. Em vez de fornecer vários cenários abstratos sobre como você pode combinar atividades, neste capítulo, vamos deixar o processo de reflexão em suas mãos. Você foi informado no início deste texto de que o Wing Chun é uma arte autorregulável, e que, eventualmente, você se tornaria seu próprio si fu. Aqui está a sua oportunidade de dar um primeiro passo nessa direção.

(Kung Fu Natural) Avançando com Passos Firmes

Natural de Oklahoma, Mark Elliston, tem treinado atletas de atletismo em nível universitário por quase quatro décadas. "Parte do meu trabalho é tornar os jovens atletas que eu treino mais eficientes na pista. Todos nós temos talento atlético e genética com a qual nascemos, e isso é basicamente tudo.

Então, tornar-se mais eficiente é uma maneira de aumentar o nosso desempenho," disse o treinador Elliston, que é o Diretor de Atletismo e Corrida de Cross Country na Universidade Elon, na Carolina do Norte. "Tornar-se mais eficiente como corredor é um processo. Analisamos coisas como controle do corpo, posição do joelho, do calcanhar, correr de forma mais ereta e, claro, estar mais relaxado."

A repetição e os exercícios, muitas vezes com trenós com pesos e faixas de resistência, são usados para criar memória muscular, a fim de ficar na posição correta.

"Existem modelos biomecânicos computadorizados que mostram o passo perfeito tanto para os velocistas quanto para os corredores de longa distância. Tentamos fazer com que nossos atletas se aproximem o máximo possível desse modelo perfeito, seja trabalhando no comprimento do passo, na frequência do passo ou mudando maus hábitos físicos," disse o treinador Elliston, que competiu como saltador em altura e decatleta durante sua carreira no Atletismo.

Ficar excessivamente tenso é algo com o qual a maioria de nós pode se identificar, especialmente durante um grande evento. Mas correr de forma econômica é incrivelmente difícil quando os atletas não conseguem controlar suas emoções.

"Eles apertam os dentes e cerram os punhos, tudo em uma tentativa de correr mais rápido," observou o treinador Elliston. "Eles estão apenas pedindo para a fadiga chegar. Eu digo a eles: 'Vocês estão tensionando músculos que nem precisariam para correr. O que eles realmente precisam é confiar mais nas posições em que treinaram e não deixar que a mente sobreponha isso."

De muitas maneiras, eficiência é disciplina. Quando os corredores enfrentam aquele momento desafiador em que eles ou avançam ou retrocedem, eles frequentemente estão perto do ponto de exaustão física e mental.

"Quando os corações estão batendo forte e os pulmões parecem que vão explodir, é aí que o atleta tem que lutar para passar por isso e alcançar o outro lado daquele momento desafiador," disse o treinador Elliston. "Eu tenho uma definição para esse tipo de disciplina: É fazer o que você não quer fazer, mas que tem que ser feito."

Nem todo atleta universitário vai ganhar uma medalha olímpica ou se tornar profissional, então a eficiência que os treinadores inspiram no desempenho deles é feita para ganhar mais do que apenas competições de atletismo. É feita para ajudá-los em suas futuras vidas.

"Eu incentivo fortemente nossos atletas a levar essas ferramentas para a vida cotidiana, especialmente no campus. A se esforçar para estar emocionalmente no controle e se sair bem nos estudos. Quando coisas ruins acontecem e a vida parece estar desmoronando, eles precisam manter a calma e controlar as coisas que podem controlar," enfatizou o treinador Elliston, que possui uma paixão extraordinária por afetar positivamente a vida dos outros.

Perspectiva de Paul: As Páginas do Tempo

Este é o meu vigésimo primeiro livro e a terceira vez que tenho o prazer de coescrever uma obra com alguém. Como a maioria dos autores, ser escritor profissional não foi meu primeiro trabalho. Bombeei gasolina (nos tempos em que os carros tinham tampas de combustível e, ocasionalmente, eu esquecia de recolocar uma), carreguei pacotes em caminhões no depósito da UPS[38] durante a correria do Natal (anotaram na minha ficha que eu era desmotivado, e provavelmente estavam certos), obtive duas licenças de mecânico de aeronaves pela FAA[39] (embora nunca tenha exercido essa profissão), ensinei inglês no Departamento de Educação da Cidade de Nova York por 16 anos (principalmente em Rikers Island e em instalações de reabilitação para dependentes químicos) e sou repórter credenciado no esporte das corridas de puro-sangue desde 1996.

Isso significa que comecei a escrever livros e a agir como um escritor profissional antes que uma grande editora estivesse disposta a me pagar para fazê-lo. Escrevia à noite, às vezes a maior parte da noite, depois do meu trabalho diurno.

Para complicar, eu tinha uma família maravilhosa e amorosa, composta por minha esposa April, minha filha Sabrina, meus pais, dois cães e uma variedade de animais menores, todos os quais precisavam e mereciam minha atenção.

---

38 A United Parcel Service (UPS) é uma multinacional americana de logística e transporte de encomendas. Fundada em 1907, é uma das maiores empresas de entrega do mundo, competindo com outras gigantes como FedEx e DHL.

---

39 A FAA (Federal Aviation Administration) é a Administração Federal de Aviação dos Estados Unidos. Trata-se da agência governamental responsável pela regulamentação e supervisão da aviação civil nos EUA.

Esse é o malabarismo. Como racionar, de maneira realista, seu tempo e suas melhores energias?

Claro, não precisa ser a escrita que tenha capturado sua atenção. Pode ser música, desenho, pintura, escultura, dança, atuação, iniciar um negócio — quase qualquer busca apaixonada. Você se compromete com algo antes que haja qualquer reconhecimento real, apenas pela satisfação de fazer o que o torna mais completo. E esse tipo de equilíbrio de vida exige que você se torne extremamente eficiente na administração do seu tempo e energia.

Quase todos os escritores que conheci nas últimas duas décadas compartilham um denominador comum, como se fizesse parte de seu DNA coletivo. Eles são totalmente eficientes em esculpir tempo para praticar seu ofício, independentemente do que esteja acontecendo em suas vidas.

Eu já era um escritor profissional quando comecei a levar a sério o estudo do Kung Fu. Minha esposa duvidava que eu pudesse equilibrar mais uma atividade, especialmente porque também jogava basquete duas noites por semana. Mas, embora a arte ocupasse um espaço valioso na minha agenda já cheia, comecei a perceber que o Kung Fu me proporcionava muito mais em troca.

A arte melhorou minha paciência. Passou a me dar um equilíbrio geral melhor na vida, ajudando-me a sentir e interpretar mais do que acontecia ao meu redor. E, embora a eficiência já fosse um dos meus pontos fortes no início da minha jornada no Kung Fu, sinto que a arte refinou essa qualidade em mim, proporcionando uma melhor perspectiva sobre como julgar tempo e distância significativos.

Não sei quantos livros ainda farão parte da minha carreira de escritor. Mas, ao sentar-me com o Si Fu William Moy para escrever minha parte neste, isso reforçou em mim o motivo pelo qual acredito que possuir até mesmo uma quantidade moderada de Kung Fu pode ser uma ferramenta valiosa para qualquer pessoa.

Aplicações na Vida

- É um belo dia de outono, com a folhagem ao longo da estrada exibindo tons incríveis de vermelho e amarelo. Então, você sai da faixa rápida por um momento para apreciar a vista, confiante de que chegará ao seu destino com uma melhor disposição, em vez de 15 minutos mais cedo.
- A nova previsão do tempo para o fim de semana, com possibilidade de chuvas, deixa você um pouco inquieto. Isso porque você organizou uma grande festa no quintal, convidando dezenas de familiares, amigos e colegas de trabalho. Assim, você decide focar no que pode controlar e faz planos alternativos para realizar o evento dentro de casa.
- A duplicação de esforços no seu local de trabalho sempre o incomodou. Duas pessoas basicamente coletam as mesmas informações dos clientes sem um aumento real na produtividade. Então, você elabora um plano viável para liberar um dos funcionários para outras tarefas necessárias.
- Você cria um novo cronograma para seus finais de semana. Um que não seja regido pelo relógio, mas sim pela qualidade resultante de cada atividade que você realiza.

"Eu sabia que podia controlar uma coisa: meu tempo, minhas horas, meu esforço e minha eficiência."

— Ryan Seacrest, personalidade da mídia

Originário de Marte

Curiosamente, o termo "Artes Marciais" não tem suas raízes na cultura asiática. Em vez disso, deriva de Marte, o deus romano da guerra, cuja influência também era valorizada na manutenção da paz por meio da força. Era comum que soldados romanos, antes de entrarem em batalha, rezassem a Marte por uma vitória. No entanto, os romanos acreditavam que era Marte, simbolicamente representado por uma espada e um escudo, quem decidia qual lado triunfaria, e não a habilidade dos soldados ou seus comandantes terrenos.

À medida que a influência romana se espalhou pela Europa durante o século XV, os romanos, ao tentarem descrever seus esportes de combate gladiatorial, tanto armados quanto desarmados, para outras civilizações, introduziram o termo "artes marciais" no léxico mais amplo.

Entre os objetos mais brilhantes do nosso céu noturno, o quarto planeta a partir do Sol foi nomeado Marte pelos romanos, em homenagem ao seu deus. Nas culturas asiáticas antigas, o planeta luminoso era chamado de "estrela de fogo".

CONVIDADO DE HONRA
Greg Ardon (Nova York, NY, Estados Unidos)

Adolescentes frequentemente precisam convencer seus pais a permitirem que estudem Artes Marciais. Mas esse não foi o caso do campeão de Artes Marciais Greg Ardon, fundador e treinador principal do Ardon Sweet Science Gym no Brooklyn, Nova York. A mãe de Greg, Esther Ardon, a quem ele infelizmente perdeu em 2023, era uma grande fã de filmes de Artes Marciais e incentivou seu filho a iniciar seus estudos.

"Ela era uma grande fã de filmes de Kung Fu. Bruce Lee era o favorito dela, seu verdadeiro herói nas telas. Ela achava que um dia, especialmente porque tínhamos um porte físico e peso semelhantes, eu poderia ser como ele," disse Coach Ardon, cuja família imigrou para os EUA vindo de El Salvador e que, aos 19 anos, já havia conquistado o Four Star Full-Contact Kung Fu World Championship em San Francisco, Califórnia. "Quando eu era mais jovem, ela ia me assistir jogar futebol. Às vezes, havia um chute acidental em um jogador em vez da bola — geralmente em mim — e uma briga começava. Aconteceu tantas vezes que ela acabou me matriculando em uma aula de Kung Fu."

Ardon iniciou sua jornada nas artes marciais estudando Fu Jow Pai Kung Fu sob a tutela do Grão-Mestre Wai Hong. Mais tarde, aprofundou seus estudos em Boxe e Muay Thai, conquistando os títulos de Campeão Estadual de Nova York e Nacional de Full-Contact.

Seu avô, Moises Ardon, sempre o incentivou a compartilhar seu conhecimento marcial com os outros. Foi uma influência fundamental para que Greg abrisse seu próprio negócio, o que se concretizou no início de 2005 com a fundação do

Ardon Sweet Science Gym. Desde então, Ardon tem ajudado muitos jovens do Brooklyn a se afastarem das influências negativas das ruas, introduzindo-os ao Boxe e a outras formas de autodefesa. Ele também auxiliou no treinamento da atriz vencedora do Oscar Hilary Swank, preparando-a para o papel no filme *Million Dollar Baby* [40](2004).

Como treinador principal da academia, Ardon não traz apenas sua experiência competitiva para seus alunos, mas também um diploma em Psicologia do Esporte pelo City College of New York. "Minha formação e educação formal me ajudam a entender melhor os atletas que treino — sua mentalidade geral, os motivos que os levam a treinar, suas ansiedades e como posso enxergar e alcançar cada um deles como indivíduo," disse Ardon, que já treinou diversos profissionais, incluindo o boxeador israelense e ex-Campeão dos Pesos Leves Yuri Foreman, um rabino ordenado.

Agora na casa dos 50 anos, Ardon tem se dedicado ao estudo do Wing Chun nos últimos anos, treinando com Si Fu William Moy. "Gosto da abordagem do Si Fu William. Ele é muito tranquilo e relaxado, sempre explicando a filosofia e a mecânica por trás de cada técnica," disse Coach Ardon. "Acho que o Wing Chun complementa bem minhas outras habilidades marciais. Juntos, formam uma harmonia. Esse estilo de Kung Fu tem uma natureza calma. Gosto de incorporar a filosofia do Yin e Yang, ou 'suave e forte', em tudo o que faço. Se uma luta estiver prestes a acontecer, tente primeiro resolvê-la com palavras. Trata-se de ter controle sobre suas emoções. Tanto o Wing Chun quanto meu trabalho com William Moy me influenciaram fortemente nesse sentido."

---

40 No Brasil, foi lançado com o título "Menna de Ouro".

CAPÍTULO 16

O EGO É O INIMIGO

"O ego não é o mestre em sua própria casa."
— Dr. Sigmund Freud, médico e pai da psicanálise

O que é o ego? O ego é definido como o senso de autoestima ou importância própria de uma pessoa. Essa é uma combinação interessante e um equilíbrio delicado para se manter. A maioria de nós já experimentou, seja em si mesmo ou nos outros, momentos em que o senso de importância própria ultrapassa o valor de uma autoestima positiva. E os resultados, geralmente, são bastante desagradáveis.

Atributos Físicos

Ter um ego é algo absolutamente normal. Como motivação interna, ele pode ser, em parte, responsável pelo nosso sucesso na conquista de muitos objetivos que estabelecemos para nós mesmos. O ego nos impulsiona a sermos os melhores em algo. E pode ser uma das forças que nos ajudam a nos reerguer e seguir em frente após um fracasso percebido. Ele fornece um senso de identidade pessoal, permitindo que naveguemos na sociedade ao equilibrarmos nossos desejos inatos com o que nossa consciência nos diz ser um comportamento socialmente aceitável.

Mas não é necessário ler vários volumes do Dr. Sigmund Freud, cuja pesquisa meticulosa sobre a personalidade humana na década de 1920 explicou as complexidades do id, ego e superego, para percebermos que, quando alguém coloca seu ego inflado acima de tudo, o resultado costuma ser insatisfatório para todos ao redor.

Em uma aula de Kung Fu, esse tipo de aluno, movido pelo ego, pode colocar os outros em perigo ao ser excessivamente agressivo nos exercícios de treino ou desmotivar os colegas ao desmerecer suas habilidades, seja por meio de palavras ou gestos físicos. Como os alunos normalmente aprendem uns com os outros por meio de um fluxo direto do si fu, é fácil esse equilíbrio delicado ser perturbado. O egotismo inflado é um comportamento que deve ser tratado imediatamente, tanto pelos alunos mais experientes quanto pelo si fu, sempre que surgir. Se esse comportamento persistir por muito tempo, os alunos mais novos, ou si dai, podem começar a acreditar que esse é um comportamento aceitável, replicando-o com seus próprios si dai no futuro.

E o que acontece quando um aluno mais novo adquire um nível de Kung Fu que supera o de seu irmão mais velho ou irmã mais velha? O ego se infiltrará em qualquer uma das partes e arruinará o relacionamento?

Um dos princípios do Wing Chun diz: "Seja humilde ao solicitar a orientação do seu professor."

E após o professor demonstrar um exercício, uma técnica ou compartilhar um ensinamento sobre a arte do Kung Fu, a resposta respeitosa e humilde do aluno ou de toda a turma deve ser: "Do je si fu gaau do", que se traduz como "Obrigado, mestre, pela orientação."

(Da Minha Vida) Os Reencontros

Certa vez, ouvi um irmão Kung Fu meu comentar com alguém: "É interessante como William chama seu pai de si fu durante a aula." Esse irmão chegou a morar em nossa casa por um tempo, então ele já me ouvira usar o título "pai" em outros contextos. No entanto, sempre que eu estava em aula, mantinha plena consciência do desejo de ser julgado pelos meus próprios méritos como praticante da arte, e não como o filho do si fu.

Teria sido a...parente...mente (com o perdão do trocadilho familiar) fácil, especialmente para um jovem em busca de identidade, usar a posição de meu pai para fortalecer minha autoestima, ao menos em minha própria mente. Não que meu pai permitisse isso de forma alguma.

Havia um mantra entre os alunos da escola: "Deixe seu ego na porta." E tentei segui-lo à risca, a ponto de provavelmente ceder a outros em várias ocasiões em que poderia ter buscado minhas próprias preferências. Essas observações me serviram bem na adolescência, mas foram ainda mais valiosas quando me tornei si fu, com meus próprios filhos, Nicholas e Marcus, frequentando minha aula.

Meu irmão Kung Fu, que parecia prestar atenção em como eu me dirigia ao meu pai em diferentes circunstâncias, teve algumas dificuldades em controlar seu ego. Talvez por isso ele estivesse tão preocupado com minha escolha de palavras, julgando-as de acordo com o que ele teria feito.

Lembro-me do dia em que ele voltou à aula depois de uma ausência extremamente longa, durante a qual pôde continuar seus estudos marciais em Hong Kong. No momento da nossa reunião, ele me convidou para praticar Chi Sau com ele. Tomei isso como um gesto amigável, uma forma de celebrar nosso retorno ao treino juntos.

No entanto, não demorou muito para que, durante a sessão de Chi Sau, ele tentasse me atingir com uma técnica não ortodoxa — um golpe de cotovelo lançado com velocidade e força total. Era algo que um praticante da nossa escola jamais tentaria sem o consentimento prévio do parceiro de treino, além de primeiro testá-lo em uma intensidade menor.

Senti a tensão desse golpe se acumulando em seu corpo através dos meus reflexos de contato. No momento em que ele liberou essa energia, eu já estava meio passo à frente, interrompendo o movimento do cotovelo com um bloqueio e girando-o para fora do meu centro, enquanto eu permanecia no dele.

Com o ego ferido além do que poderia suportar naquele instante, ele exigiu saber como eu havia antecipado sua técnica. Eu não precisei voar 16 horas para o exterior para aprender a defender aquele golpe.

"Esse é o tipo de Kung Fu que sempre esteve aqui," respondi num tom tranquilo. "Só que você nunca percebeu."

Não o vi por um tempo depois dessa troca. Mas, eventualmente, ele voltou à escola uma segunda vez e conseguiu controlar seu ego. Talvez tenha sido apenas uma questão de amadurecimento. E, quando isso aconteceu, meu irmão Kung Fu começou a prosperar no sistema, e não poderia ter ficado mais feliz por ele.

"Deixe seu ego na porta. O ego pode ser o maior inibidor do sucesso. Ele pode matar oportunidades e pode matar o próprio sucesso."

— Dwayne "The Rock" Johnson, atleta e ator

Eliminando Obstáculos, ou Não

Julgar os outros, ser inflexível e manter uma atitude de superioridade são qualidades que provavelmente irão impedir seu progresso, tanto no Kung Fu quanto na vida.

Como professor, seus alunos vêm até você quando não entendem a lição, ou hesitam em admitir que não compreenderam de primeira? E se hesitam diante da simples necessidade de uma explicação adicional, isso se deve ao ego deles — ou será que interpretaram sinais passados de que seu próprio ego se manifesta de maneira negativa diante da possibilidade de que seu ensino não foi totalmente eficaz?

E quanto aos seus filhos?

Seus subordinados no trabalho?

Talvez você gerencie o Departamento de Expedição de sua empresa, onde tudo funciona em perfeita harmonia, com os pacotes saindo sempre no prazo. Você é tão eficiente em manter a organização que um dos executivos decide transferi-lo para o Departamento de Recebimento, que está um completo caos. Depois de dois meses nessa nova função, o setor está avançando, mas ainda não atinge o seu padrão pessoal.

Então, na reunião de avaliação anual da empresa, um dos diretores elogia o Departamento de Expedição e seu novo líder, ao mesmo tempo em que rebaixa o de Recebimento, mencionando até o seu nome. Para piorar, o novo líder do Expedição aceita os elogios sem mencionar sua influência anterior.

Esse é o momento em que você se levanta para esclarecer os fatos? Ou usa silenciosamente essa reunião como motivação para se esforçar ainda mais e melhorar o Departamento de Recebimento?

Talvez você tenha organizado um mutirão comunitário para limpar a praia local, reunindo mais de 30 voluntários para passar uma manhã inteira coletando lixo na costa. Duas semanas depois, em uma reunião dos moradores, você recebe uma placa brilhante em reconhecimento pelo seu trabalho organizacional e é convidado a dizer algumas palavras.

Quão disposto você está a compartilhar os méritos? Você agradece às muitas pessoas que compareceram para ajudar na limpeza? Você eleva os esforços delas acima dos seus?

Na época de sua aposentadoria, o ícone do basquete Michael Jordan, que conquistou seis campeonatos da NBA com o Chicago Bulls (dois tricampeonatos consecutivos, de 1991 a 1993 e de 1996 a 1998), era, sem dúvida, o atleta mais famoso do mundo e admitia ser impulsionado por um grande ego. Mas, em seu discurso de admissão no Hall da Fama em 2009, esse ego, em parte, ficou em segundo plano quando MJ falou sobre a importância de seus pais e irmãos em seu sucesso.

"Tudo começa com meus pais... Eles acenderam o fogo dentro de mim... e, ao longo da minha carreira, outras pessoas continuaram adicionando lenha a esse fogo."

— Michael Jordan, astro do basquetebol americano

Na plateia daquela noite, havia alguém especial para a ocasião, um convidado pessoal de MJ, cuja presença ele fez questão de garantir, pagando pelo ingresso.

Leroy Smith foi o cara que, quando eu fui cortado, conseguiu... uma vaga no time principal," disse Jordan, que foi forçado a jogar mais um ano na equipe juvenil da Emsley A. Laney High School, em Wilmington, Carolina do Norte. "Ele deu início a todo esse processo para mim. Porque, quando ele entrou para o time e eu não, eu quis provar — não apenas para Leroy Smith e para mim mesmo, mas para o técnico que o escolheu no meu lugar — que ele havia cometido um erro.

O filósofo alemão Friedrich Nietzsche acreditava que os seres humanos constroem sua própria identidade por meio da autorrealização.

"Sempre que subo, sou seguido por um cachorro chamado 'Ego'."

— Friedrich Nietzsche (1844–1900), filósofo que provavelmente teria sido o maior fã de Michael Jordan se tivessem vivido na mesma época

(Kung Fu Natural) Definindo o Ego

O Dr. Kevin Kennedy, subchefe do Departamento de Filosofia da Universidade de Saint John, em Nova York, tem um interesse particular em um ramo da filosofia chamado metafísica, que, entre outros aspectos, lida com os conceitos de ser e identidade. Naturalmente, esses conceitos estão profundamente entrelaçados com o ego.

"O lado positivo do ego é que ele nos impulsiona a conquistar coisas e alcançar nossos objetivos," observou o Dr. Kennedy, autor de diversos livros sobre metafísica. "Mas, quando o ego começa a nos atrapalhar, quando passamos a nos comparar com os outros — seja nos colocando acima ou abaixo deles — em vez de focarmos na tarefa em questão, ele pode se tornar um problema em nossas vidas."

Durante seus quase 40 anos de carreira na SJU, o Dr. Kennedy testemunhou diversas mudanças sociais, incluindo o surgimento da internet, onde os egos podem ser exaltados ou destruídos com uma única postagem.

"Eu desencorajo nossos professores a lerem as avaliações online feitas pelos alunos (Rate My Professor). Sempre que nos preocupamos demais em agradar os outros ou em nossa posição na hierarquia, isso pode se tornar contraproducente. Pode nos tirar daquele 'estado', onde nos tornamos um com a atividade que realizamos."

O Dr. Kennedy também é diretor-gerente de uma premiada companhia de teatro em Manhattan.

Alguém mencionou atores e egos?

"Certamente há ego na atuação," comentou o Dr. Kennedy. "Mas atores que estão mais preocupados consigo mesmos do que em interpretar seus personagens podem arruinar completamente uma peça. Por isso, geralmente desencorajo os atores de lerem críticas sobre suas performances, mesmo que sejam extremamente positivas."

Por quê?

"Ver descrito no papel algo que eles fazem bem de forma inconsciente pode desestabilizá-los e afetar seu processo," explicou o Dr. Kennedy.

Perspectiva de Paul: A Astuta Velha Raposa

Em 2000, escrevi um pequeno artigo sobre um famoso treinador de cavalos de corrida puro-sangue chamado P.G. Johnson, um cuidador excepcional de equinos por seis décadas. Johnson gostou tanto da história quanto da tradução do meu sobrenome, Volponi, que em italiano significa a astuta velha raposa. Como esse era exatamente o modo como o treinador se via após uma longa e ilustre carreira, P.G. Johnson deu o nome de Volponi ao seu próximo cavalo de corrida.

Fiquei entusiasmado e honrado, especialmente quando P.G. me convidou, junto com minha família, para conhecer o enérgico animal em seu estábulo.

Mas sempre que eu estava na tribuna de imprensa do hipódromo, sabia que precisava manter um perfil discreto e controlar qualquer sinal de ego em relação à nomeação. Por quê? Repórteres são uma espécie peculiar. Eu sabia que alguns dos escritores ali ficariam felizes por mim, mas outros poderiam se incomodar, achando que eu não merecia tal reconhecimento.

O cavalo perdeu sua primeira corrida. E tive que deixar meu ego completamente de lado quando um torcedor bêbado na arquibancada, provavelmente frustrado por ter perdido dinheiro na aposta, gritou: "Volponi, você é um lixo!"

Mas as coisas ficaram mais interessantes quando Volponi, o cavalo, começou a vencer corridas.

Corridas grandes. Importantes.

Fiquei feliz por P.G., que estava perto do fim de sua carreira. Sempre aparecia no paddock para apertar sua mão antes de cada corrida em que Volponi estava inscrito. E P.G. começou a me considerar um amuleto da sorte.

Quanto mais o cavalo vencia, mais venenosos se tornavam os comentários de um pequeno grupo de repórteres egocêntricos na tribuna de imprensa.

"Volponi não é tão bom. Ele é totalmente superestimado."

Eu não queria colocar meu ego contra o deles, embora muitas vezes fosse difícil para mim não responder, seja com palavras, seja com golpes imaginários.

Um mês depois, P.G. pagou uma taxa de inscrição tardia considerável para incluir Volponi em uma das maiores corridas do mundo: o Breeders' Cup Classic, com uma bolsa de 4 milhões de dólares. Naquele ano, a corrida seria realizada em Chicago, onde P.G. havia começado sua carreira como treinador.

Poucos acreditavam que Volponi realmente pertencia àquele páreo, e os comentários críticos ficaram ainda mais afiados, descrevendo a entrada do cavalo como uma fantasia tola.

Eu não estava em Chicago para cobrir a corrida. Mas aquele pequeno grupo de repórteres egocêntricos estava — cada um deles.

Na prova, Volponi largou com uma cotação de 43-1[41], considerado azarão absoluto contra os melhores cavalos do mundo, incluindo o potro que havia vencido o Kentucky Derby naquele ano.

Assisti de casa, cercado por amigos e familiares, gritando e torcendo a plenos pulmões enquanto Volponi se distanciava dos adversários na reta final. Demonstrei todo o ego possível ao vê-lo cruzar a linha de chegada, mesmo sem ter sido o dono, o jóquei ou o treinador.

---

41 A cotação 43-1 em apostas esportivas, especialmente em corridas de cavalos, significa que o apostador recebe 43 unidades de pagamento para cada 1 unidade apostada, caso o cavalo vença.

Ele só carregava o meu nome — e, naquele fim de semana, ele estava estampado nas páginas esportivas dos principais jornais de Nova York.

Naquela tarde, Volponi faturou 2,4 milhões de dólares em prêmios para P.G. e sua família. E não apenas venceu — ganhou com a maior margem de vitória da história da corrida até aquele momento.

Dias depois, voltei para a tribuna de imprensa, sem mencionar a vitória para ninguém. Permaneci meticulosamente em silêncio, cumprimentando discretamente alguns colegas e focando no meu trabalho.

Já estava lá há cerca de 15 minutos quando alguém veio me parabenizar. Aceitei os cumprimentos. Então, me virei para um dos jornalistas críticos que estava sentado ao meu lado e, educadamente, agradeci por ter mencionado meu nome em sua matéria.

Se o ego realmente é o inimigo, naquele dia sinalizei uma trégua silenciosa, deixando que os outros falassem sobre o triunfo de Volponi — e me esforçando ao máximo para conter um sorriso que, eu sabia, ficava cada vez maior.

Aplicações na Vida

- Você tem a chance de ser o melhor jogador de boliche da sua liga local. Mas, para alcançar esse título, precisa competir neste sábado, o mesmo dia do casamento da sua sobrinha. Você falta à cerimônia e comparece apenas à recepção à noite, ou sacrifica a conquista e vai ao casamento?
- Seu melhor amigo está em extrema necessidade de um empréstimo de curto prazo. Você sabe que o orgulho dele jamais permitiria que pedisse dinheiro. Então, você escreve um cheque sem que ele precise pedir.

- Em toda reunião de família, seu irmão de 45 anos sempre menciona que sua pontuação no SAT[42] foi significativamente mais alta que a sua. E isso começou a incomodá-lo. Você releva, entendendo que ele obviamente sente a necessidade de alimentar o próprio ego, ou resolve confrontá-lo?
- Seus amigos estão assistindo enquanto seu cachorro se recusa a obedecer seus comandos. Você sente sua paciência se esgotando. Pergunte a si mesmo: "Eu ficaria tão irritado assim se não houvesse ninguém aqui para testemunhar a desobediência do cachorro?"

"Ser cantora é tudo sobre mim. Sobre o ego. Ser mãe é tudo sobre ser altruísta. Dois mundos completamente diferentes."

— Gwen Stefani, musicista

42 O SAT (Scholastic Assessment Test) é um exame padronizado utilizado nos Estados Unidos como parte do processo de admissão para universidades. Ele avalia as habilidades dos estudantes em leitura crítica, escrita e matemática. Semelhante ao Enem no Brasil.

Orgulho Imenso

Bruce Lee tinha um orgulho imenso de seu Kung Fu. Tanto que, ao receber o roteiro de um episódio de Batman de 1967 — a famosa e cômica série de TV da época —, ele ficou furioso e abandonou o estúdio onde estava filmando sua própria série, The Green Hornet[43].

Na época, Lee interpretava Kato, o assistente e mordomo do protagonista Britt Reid, também conhecido como O Besouro Verde.

No roteiro original, Kato e o Besouro Verde fariam uma participação especial no seriado Batman, mas a trama previa que Kato perderia uma luta contra Robin, o ajudante do herói.

À primeira vista, fazia algum sentido, afinal, Batman e Robin eram as estrelas da série. No entanto, Lee se recusou terminantemente a participar, especialmente depois de ouvir rumores de que Burt Ward, o ator que interpretava Robin, havia supostamente dito nos bastidores que era um lutador melhor que Lee na vida real, já que praticava Karate.

O co-astro Van Williams, que interpretava o Besouro Verde/Britt Reid apoiou a decisão de seu parceiro e também se recusou a participar caso os dois perdessem a luta para a Dupla Dinâmica.

No fim das contas, os roteiristas foram forçados a reescrever o episódio. No episódio que foi ao ar, intitulado "A Piece of the Action" (Temporada 2, Episódio 51)[44], os quatro personagens entram em combate.

O novo desfecho?

O duelo termina empatado.

Embora Bruce Lee tenha interpretado um papel subserviente em The Green Hornet, ele é amplamente reconhecido como um

43 No Brasil, O Besouro Verde.

44 No Brasil, o episódio teve o nome de "Um Pedaço de Ação".

catalisador na mudança da percepção dos asiáticos no cinema ocidental. Sua ascensão ao status de protagonista em filmes como Enter The Dragon (1973)[45] e Game Of Death (1978)[46] ajudou a quebrar estereótipos e abriu caminho para futuras gerações de atores asiáticos em Hollywood.

45 No Brasil, o título do filme foi "Operação Dragão", sendo o primeiro filme americano protagonizado por um asiático.

46 No Brasil, o título do filme foi "Bruce Lee no Jogo da Morte", sendo lançado após o falecimento de Lee, com cenas complementadas por dublês.

CAPÍTULO 17

RECUPERANDO-SE DO INESPERADO (BIU JI)

"Ninguém é tão valente que não se perturbe diante do inesperado."
— Júlio César, general, estadista e ditador romano

Meu pai se referia ao componente Biu Ji como "Bússola Padrão", porque, não importa o quão forte seja sacudida ou em que direção seja virada, ela sempre retorna ao Norte. Esse é um atributo que, com certeza, você desejará transferir para sua vida, como forma de se reorientar sempre que algo inesperado tentar influenciar indevidamente sua direção.

Atributos Físicos

A terceira forma de mãos livres do Wing Chun é chamada Biu Ji, que se traduz como dedos lançados. Há razões plausíveis para que suas mãos momentaneamente saiam da Linha Central durante um confronto, incluindo a necessidade de bloquear um golpe amplo ou lidar com um ataque surpresa.

O Biu Ji se concentra no uso de técnicas de emergência, chamadas de Gau Gap Sau, que permitem um rápido retorno à posição central. Isso pode ser feito trazendo rapidamente o braço ou os braços de volta ao meio do corpo ou girando o corpo para alinhar-se aos braços, estabelecendo um novo centro. Em ambos os casos, atingir ou cortar na Linha Central acelera esse processo, gerando impulso e apresentando uma resposta formidável.

O Biu Ji se baseia em tudo que o praticante aprendeu em Siu Nim Tau e Cham Kiu.

Por que o Biu Ji é necessário? O combate pode ser uma experiência imprevisível, cheia de obstáculos inesperados. Quando colocado em uma posição comprometida, o praticante de Kung Fu pode recorrer às técnicas de emergência do Biu Ji para tentar restabelecer uma posição mais fundamental. Essas técnicas, incluindo o lançamento dos dedos, podem rapidamente ocupar o centro para interceptar ou desviar ataques recebidos.

Vamos examinar um par de técnicas desta terceira forma, Biu Sau e golpes de cotovelo.

Um Biu Sau pode ser usado tanto como ataque quanto como bloqueio, conduzido pelos dedos comprimidos do braço lançado. Normalmente, é aplicado para lidar com situações na altura dos ombros ou acima, sendo direcionado aos olhos ou à garganta.

Os golpes descendentes de cotovelo (Gwai Jaang) no Biu Ji podem ser utilizados tanto como ataque quanto como meio de recuperar o centro, com os cotovelos reassumindo a Linha Central ao se moverem da esquerda para a direita ou vice-versa. O cotovelo também pode ser combinado com um Biu Sau subsequente (partindo debaixo da axila do cotovelo centralizado) para restabelecer ainda mais o controle sobre o centro.

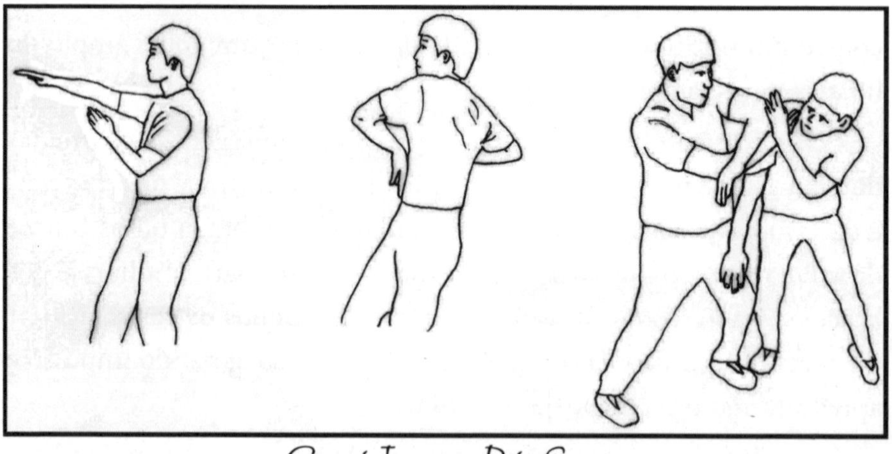

Gwai Jaang e Biu Sau

Para uma demonstração visual, acesse o QR Code e assista o vídeo 18 **William Moy: Demonstrando Biu Ji**

(Da Minha Vida) A Viagem de Metrô Sem Saída

Eu tinha por volta de dezoito anos e estava indo do Brooklyn para Chinatown, em Manhattan, para praticar Kung Fu com meu pai. O vagão do metrô em que eu estava era relativamente vazio.

Em uma das paradas, alguns sujeitos entraram de forma barulhenta, rindo e brincando entre si. Era uma manhã de sábado, então, a princípio, pensei que pudessem ser membros de algum time esportivo escolar indo para uma competição. Mas não. Eles pareciam mais um grupo de jovens delinquentes, querendo testar sua força na vantagem numérica.

Não foi difícil identificar quem era o líder momentâneo, provavelmente o catalisador das más intenções do grupo. Os outros três observavam o ambiente, esperando o comando dele — vários assentos vazios e eu.

Enquanto o trem seguia entre estações, o líder caminhou até onde eu estava sentado.

Naquele momento, eu poderia ter sido a versão asiática de Peter Parker, também conhecido como Homem-Aranha, porque todos os meus sentidos Kung Fu estavam em alerta.

"Ei, você faz parte de alguma gangue?" perguntou o líder.

Eu considerei aquilo uma pergunta capciosa, uma situação sem saída.

Se eu respondesse sim, poderiam me ver como um rival e me atacar. Se eu respondesse não, ficaria sozinho, sem a possibilidade de uma retaliação futura para equilibrar a situação.

Talvez eu devesse ter pedido para entrar no grupo deles. Mas, em vez disso, respondi que não fazia parte de nenhuma gangue.

O líder imediatamente exigiu que eu entregasse minha jaqueta de couro como um "imposto" por estar atravessando o território deles no metrô.

Eu decidi manter minha posição, e uma luta começou entre mim e o líder. Os outros três correram para se juntar ao confronto.

Sem hesitação, agarrei o líder e tentei jogá-lo contra a parede do vagão em movimento. Era um golpe finalizador comentado por alguns dos meus irmãos de Kung Fu. Mas a realidade é sempre diferente da teoria — e eu acabei apenas empurrando-o sobre um dos assentos do metrô.

Logo em seguida, fui atingido por trás por um dos outros agressores, perdendo momentaneamente meu equilíbrio. Mas, de imediato, usei as técnicas de emergência do Biu Ji para me recuperar.

Depois de mais alguns ataques e defesas, consegui escapar pelas portas abertas quando o metrô chegou à estação seguinte.

Quando finalmente cheguei à escola, informei meu pai sobre a briga. Ele ficou aliviado por eu estar ileso, mas logo começou a analisar minhas reações físicas, com base no que eu descrevi.

Meu pai me disse que eu estava me apressando demais. Meus atacantes também estavam presos dentro do metrô e não iam a lugar algum. Ele me aconselhou que eu deveria ter colocado mais base nos meus golpes, gerando mais potência. Afinal, meu equilíbrio e minha capacidade de usar o chão a meu favor, especialmente em um trem em movimento, provavelmente eram superiores às dos meus atacantes.

Ao refletir sobre a situação, percebi que deveria ter sido mais adaptável ao fluxo do combate, em vez de me prender tanto à execução de uma técnica específica.

E, antes de entrar em outro vagão do metrô, eu definitivamente precisava de uma resposta melhor para a pergunta:

"Ei, você faz parte de alguma gangue?"

"A vida inevitavelmente nos lança desafios inesperados, circunstâncias que nos lembram de esperar o inesperado."

— Carre Otis, modelo e atriz

Preparando-se com o Básico

Recuperar-se do inesperado é uma qualidade de preparação que o Kung Fu pode trazer para sua vida. Toda família deve ter um plano de ação para situações de emergência.

Não é necessário morar em uma região onde terremotos, incêndios florestais, tornados ou enchentes são ameaças constantes.

Ninguém tem a habilidade prever o futuro ou proteger a família de um incidente isolado ou desastre natural. O corpo de bombeiros pode bater à sua porta a qualquer momento por causa de um vazamento de gás na vizinhança, ordenando a evacuação obrigatória de várias quadras.

Ter um plano bem definido, detalhando para onde seus entes queridos devem ir e o que levarão consigo, seja em uma emergência de vida ou apenas para um deslocamento temporário, é simplesmente um planejamento inteligente. É como saber onde estão os extintores de incêndio em cada andar, garantir que todos saibam operá-los corretamente e verificar periodicamente se estão em boas condições.

Talvez você esteja surfando, e uma onda inesperada o jogue para fora da prancha, que então retorna e atinge sua cabeça com força suficiente para atordoá-lo por um instante. Seu primeiro objetivo deve ser voltar à superfície e respirar profundamente. Em seguida, localizar sua posição em relação à costa. Você pode chamar outros surfistas por ajuda, ou talvez um salva-vidas já esteja atento à situação. E se ainda estiver preso à prancha pelo leash no tornozelo, sabe que pode usá-la como dispositivo de flutuação.

Agora imagine que você seja um professor adjunto em uma faculdade comunitária, ensinando um curso introdutório para uma turma numerosa. Seus alunos são sérios e motivados. Participam das aulas, oferecem respostas bem fundamentadas e apresentam uma frequência exemplar. Você tem altas expectativas quando aplicar a prova de meio de semestre.

Mas o inesperado acontece: quase todos reprovam, e muitos deixam respostas completamente em branco.

De quem é esse resultado inesperado? Do professor ou dos alunos? Como ambos podem superar esse desastre acadêmico?

As manhãs podem ser caóticas e estressantes. Talvez você acorde com um cronograma rígido à sua espera. Precisa imprimir uma proposta de trabalho, mas a impressora informa que está "offline". Sua frustração começa a crescer e atinge o ápice quando seu filho, com os olhos cheios de lágrimas, diz que também precisa imprimir algo para a escola imediatamente.

Você olha para o relógio. Precisa sair de casa com seu filho em menos de dez minutos. Checa cada conexão diversas vezes, ajoelhando-se no chão de madeira para inspecionar os cabos com mais atenção. Tudo parece perdido, até que seu par espiando da cozinha sugere:

"Tente apenas desconectar o roteador e reiniciar tudo."

Em retrospecto, esse simples conselho foi um lembrete de que, diante do inesperado, voltar ao básico pode ser a melhor solução.

E sabe de uma coisa? Funcionou.

(Kung Fu Natural) Coragem e Paciência

Ao longo de sua trajetória como artista marcial, Tish Das estudou diversas artes, com um foco intenso no Kung Fu. O bem-sucedido gestor de fortunas e sua esposa Amisha, uma PhD em Epidemiologia, são pais orgulhosos de dois filhos saudáveis e lindos. Recentemente, mudaram-se de Nova Jersey para a costa da Califórnia, onde adquiriram a casa dos sonhos.

Mas a vida nem sempre é um caminho sem obstáculos. Muitas vezes, as marés que sobem podem ameaçar tanto nosso bem-estar físico quanto mental.

Em 1999, Tish recebeu um transplante de rim muito necessário. O doador foi seu pai amoroso, que infelizmente já faleceu. Hoje, Tish precisa de um segundo transplante de rim e aguarda sua vez na lista estadual para encontrar um doador compatível.

"Vejo o Kung Fu como uma ferramenta para relaxamento e para me engajar no processo da vida. Com ele, sei que posso superar qualquer obstáculo à medida que meu processo continua evoluindo. Posso ser a melhor versão de mim mesmo naquele momento, colocando esforço para alcançar esse objetivo."

Há alguns anos, Das estava surfando no litoral de Nova Jersey, deslizando sobre uma onda, quando um adolescente, de repente, entrou em sua trajetória.

"Mudei de direção e levei a prancha até a areia. Então saltei, pousando com ambos os pés na água rasa. Mas eu não conseguia ver o enorme buraco sob a superfície. Foi quando ouvi um estalo. E quando você já passou dos quarenta, esse som nunca é um bom sinal."

O diagnóstico foi uma ruptura do tendão de Aquiles direito. Das optou por um processo de reabilitação em vez de cirurgia e comparou a experiência aos seus anos de treinamento no Kung Fu.

"Você repete os exercícios inúmeras vezes. O foco está em melhorar, em evoluir por meio de pequenos passos. É sempre sobre se engajar no processo. Você precisa de paciência, coragem e força de vontade para seguir em frente."

Atualmente, Das está quase totalmente recuperado.

Ele credita grande parte de sua paciência ao exemplo dado por seu si fu, William Moy.

"Si Fu é extremamente firme. Nunca se deixa levar demais pelas circunstâncias, seja para o alto ou para o baixo. Ele é uma grande representação do Kung Fu, incorporando-o totalmente. Ele está sempre presente no momento, ouvindo. E é disso que se trata o Kung Fu: aprender a ouvir a nós mesmos e aos outros. Isso me proporcionou uma base sólida para a vida."

Aplicações na Vida

► Seu porão começa a inundar repentinamente, com a água entrando por uma janela durante uma tempestade intensa. Em vez de correr para a garagem atrás de um balde, deixando a água se acumular na sua ausência, você improvisa ao usar itens mais acessíveis: um vaso de flores vazio, um cooler de gelo e um recipiente plástico de armazenamento, utilizando-os como baldes para conter a enchente e despejando a água em um ralo próximo.

► Durante um apagão prolongado, vários vizinhos pedem para armazenar alimentos perecíveis no seu freezer da despensa, pois sua casa é a única da vizinhança equipada com um gerador de emergência.

► Você encontra um idoso caminhando na rua, aparentemente desorientado. Para ajudá-lo a se concentrar, faz perguntas diretas, como: "Pode me dizer seu nome?" "Para onde está indo?" "Em que rua você mora?"

► Perdido na floresta sem uma bússola, alguém do grupo sugere verificar o musgo nas árvores, que normalmente cresce no lado norte.

"Na vida, existe Yin e Yang, e um equilíbrio. E quando você não tem equilíbrio, tem comédia."

— George Lopez, comediante

Yin and Yang

O Yin e o Yang do Kung Fu

Um dos símbolos mais reconhecidos no mundo hoje é o Yin e Yang, um círculo, formado por duas metades em formato de lágrima, equilibrando perfeitamente as imagens preta e branca. Se você parasse a maioria das pessoas na rua que usam esse símbolo em roupas, mochilas ou joias, elas provavelmente lhe explicariam simplesmente que representa equilíbrio e harmonia.

E estariam absolutamente corretas. No entanto, seus conceitos podem ser explorados em um nível muito mais profundo, abrangendo áreas como Matemática, Medicina Chinesa e, claro, Filosofia.

Os conceito de dualidade complementar do Yin e Yang vêm da Filosofia Chinesa e representam princípios contrastantes, que não teriam significado isoladamente, pois dependem um do outro para comparação. Esses princípios incluem:

- Luz / Escuridão
- Positivo / Negativo
- Duro / Suave
- Masculino / Feminino

Juntos, eles representavam a ideia de harmonia na cultura chinesa já no século XIV A.E.C. (a sigla significa "Antes da Era Comum", um termo utilizado para indicar o período anterior ao início da era cristã).

Qual é a conexão entre Yin (escuro) e Yang (claro) com o Kung Fu?

A essa altura, você provavelmente já aprendeu o suficiente sobre a arte física do Kung Fu e sua cultura para responder essa pergunta por si mesmo. Então, antes de continuar lendo, sinta-se à vontade para refletir sobre isso.

Porque o Kung Fu é considerado uma arte marcial tanto dura (Yang) quanto suave (Yin), combinando força e reflexos de contato para sentir o que está acontecendo dentro do oponente, ele se torna uma forte representação da Filosofia do Yin e Yang.

Além disso, o Kung Fu se baseia na manutenção do seu próprio equilíbrio, enquanto desestabiliza o equilíbrio do adversário, demonstrando mais uma vez a interação entre princípios opostos.

Por fim, no início deste texto, falamos sobre pessoas que possuem "bom Kung Fu" na vida — uma qualidade muito valorizada na cultura chinesa. Para que esse conceito tenha significado, ele deve ser comparado com aqueles que possuem um nível inferior dessa referência, e, em alguns casos, até o oposto dela.

E o símbolo do Yin e Yang?

É um símbolo taoísta que apareceu pela primeira vez em antigos sistemas chineses de medição do tempo. Quem exatamente criou esse símbolo permanece um mistério ao longo dos séculos.

Infelizmente? Imagine só o dinheiro que essa pessoa ganharia com direitos autorais nos dias de hoje.

Aqui estão três máximas do Wing Chun relacionadas ao tema a considerar:

- O princípio do Yin e Yang deve ser completamente compreendido.
- Iniciantes não devem usar força.
- Força suave e relaxada colocará o oponente em perigo.

CAPÍTULO 18

EVITE CONFLITOS POTENCIAIS E ACEITE O INEVITÁVEL

"O homem deve evoluir para resolver todos os conflitos humanos através de um método que rejeite vingança, agressão e retaliação."

— Martin Luther King Jr., pastor batista e ativista pelos direitos civis

O Kung Fu, e especialmente o Wing Chun, é projetado para ajudá-lo a evitar conflitos em sua vida. Para ser claro, na circunstância correta, você entrará diretamente no confronto e enfrentará o conflito de frente. Mas essa escolha sempre será sua. Quando você realmente adquirir e refinar seu Kung Fu, não será provocado a entrar em um conflito indesejado.

Atributos Físicos

O Wing Chun ensina você a manter a distância marcial desde a prefiguração de um confronto e a nunca entregar voluntariamente sua distância crítica, sua zona de segurança.

Mas, ao fazer isso, significa que você projetará seus braços à frente (talvez em um Jong Sau óbvio ou algo menos visualmente provocativo), com suas mãos alinhadas uma atrás da outra e seus cotovelos protegendo seu corpo.

Você usará sua voz para dissuadir e desencorajar oponentes em potencial de avançar:

"Pare! Pare aí! Fique para trás!"

Você pode até apaziguá-los com palavras:

"Você está certo! Me desculpe!"

Se for seguro, você se afastará do problema. Você pode até correr, quando for prudente. Mas isso é muito diferente de ser intimidado, algo que seu Kung Fu nunca permitirá.

O fato de você desejar evitar conflitos potenciais sempre que possível, isso não significa que você não possa lançar o primeiro golpe ou executar o chute inicial em um confronto, uma vez que sua distância crítica tenha sido violada.

Apesar dos seus melhores esforços, alguns confrontos serão inevitáveis e estarão além do seu controle para prevenir.

(Da Minha Vida) Três Fases do Conflito e Aceitação

1. Aprendendo

Quando jovem praticante de Kung Fu, experimentei o conflito. No início, eu via esse conflito como algo entre mim e meu parceiro de treino durante as rodadas de Chi Sau, para ver quem conseguia controlar o centro e aplicar mais técnicas. Sempre que eu era dominado nessa tarefa — o que acontecia frequentemente no começo — ficava profundamente frustrado com minha falta de habilidade. Isso começou a mudar a forma como eu enxergava o conflito, projetando-o totalmente em mim mesmo.

Tomado por uma crescente dúvida pessoal, decidi fazer uma pausa no Chi Sau por algumas semanas.

Após processar meus sentimentos sob a orientação de meu pai, voltei ao exercício com uma nova perspectiva sobre minhas dificuldades. Adotei um conceito filosófico semelhante a "Folhas no Rio", aceitando a direção e os resultados para onde o exercício me levava. Passei a ser um observador, interpretando cada erro como uma experiência de aprendizado, que eventualmente me permitiria melhorar.

Quando a tensão causada pelo potencial conflito deixou meu corpo, consegui relaxar. Aceitei o inevitável: eu ainda não era um jogador perfeito e cometeria erros.

Nesse novo estado de espírito, minha capacidade de sentir e escutar com as mãos melhorou, permitindo-me interpretar as intenções do meu parceiro, muitas vezes antes mesmo de se concretizarem. Meu Chi Sau começou a evoluir, assim como minha compreensão geral do Kung Fu.

2. Transmitindo

Como si fu iniciante, sentia grande orgulho em guiar meus alunos pelo sistema do Wing Chun e celebrar suas conquistas.

Mas, de tempos em tempos, um aluno talentoso e promissor simplesmente não compreendia um conceito, falhando repetidamente na execução de uma técnica que seus colegas absorviam quase instantaneamente.

Eu podia sentir o conflito crescendo dentro daquele único estudante. E, como estava no começo da minha jornada como professor, também sentia minha própria frustração, imaginando se isso tinha a ver com minhas limitações como instrutor e comunicador.

Normalmente, o aluno abalado apenas se esforçava cada vez mais, desenvolvendo um foco excessivo na dificuldade do momento e bloqueando qualquer orientação externa.

Com o tempo, aprendi a explicar a esses alunos — que poderiam ser qualquer pessoa, em qualquer lugar, tentando dominar algo novo — a importância de se desconectar brevemente da tarefa em questão.

O objetivo é encontrar alegria no processo de aprendizado.

Respire. Relaxe.

Deixe o tempo e a prática guiarem seu progresso, e não a pressão do momento.

Essa foi uma lição valiosa também para mim. E fico feliz em dizer que a maioria dos meus alunos, que enfrentaram esse conflito interno, agora olham para aquela técnica difícil de aprender como um degrau essencial no amadurecimento do próprio Kung Fu.

3. Trabalhando

Eu tinha começado em um novo emprego há poucos dias quando fiquei responsável por tudo sozinho, pois o dono do negócio estava ausente, resolvendo questões pessoais.

Foi um dia bastante caótico, em que precisei assumir diversas funções para lidar com diferentes desafios.

Uma hora antes do fechamento, um empreiteiro entrou no escritório, deixando um contrato relacionado a uma obra futura. Ele insistiu que o documento precisava ser assinado naquele mesmo dia.

Levei o assunto a sério e disse que, ao sair do trabalho, levaria o contrato pessoalmente até a casa do meu chefe.

Mas, na última hora de expediente, surgiram três novas questões urgentes, exigindo toda a minha atenção.

Quatro horas depois, já estava em casa com minha família, havia jantado e, no meio de um filme de suspense policial que assistia na TV, me lembrei do contrato.

Hesitei por um momento, pensando se não seria tarde demais para entregar. Mas, depois de um breve conflito interno, decidi ligar para o chefe e admitir o erro.

Eu só queria enfrentar o problema antes que se tornasse algo maior. Até ofereci me vestir e dirigir até sua casa naquele instante.

Ele apenas riu e me disse para relaxar.

Explicou que empreiteiros sempre inventam urgências para forçar assinaturas mais rápidas. E ainda me agradeceu por cuidar diligentemente dos interesses dele.

Foi uma lição valiosa para mim sobre a linguagem dos negócios e como a suposta emergência ou conflito de uma das partes pode, na verdade, ser apenas impaciência.

"Estou apenas tentando, como qualquer outra pessoa. Tento transformar cada conflito e cada experiência em aprendizado."

— Oprah Winfrey, comunicadora

O Conflito ao Estacionar

Talvez você e seus vizinhos tenham ideias diferentes sobre como compartilhar a entrada de garagem que conecta suas casas. A entrada já é estreita por si só, e seus vizinhos possuem um enorme SUV com tração nas quatro rodas.

Sob condições normais, já seria extremamente apertado estacionar ao lado do veículo deles com seu carro compacto. Mas seus vizinhos sempre tomam um espaço extra, invadindo o seu lado da garagem. Isso faz com que seu carro acabe regularmente encostado em uma roseira, sofrendo o pior encontro possível entre um automóvel e uma planta.

Seus vizinhos são incrivelmente gentis sobre a situação, assumindo a culpa por seu estacionamento ruim. Eles se desculpam profusamente duas vezes por semana. Mas nada muda na equação desequilibrada da garagem.

Como você pode influenciar uma mudança no comportamento de estacionamento dos seus vizinhos?

Após uma conversa, ambas as partes concordam em usar três cones de trânsito laranja. Quando seus vizinhos saem da garagem, alguém desce do SUV e coloca os cones horizontalmente no lado deles da entrada.

Dessa forma, eles prestarão mais atenção à situação quando retornarem. Funciona perfeitamente no primeiro dia. Sem problemas. Mas no segundo dia, o veículo deles não está lá e os cones não foram colocados.

Como você está avançando rapidamente no estudo desta arte, perguntamos: Qual poderia ser o próximo passo para empregar seu bom Kung Fu na resolução deste dilema?

(Kung Fu Natural) Resolução de Conflitos

Conflitos pessoais, profissionais e sociais podem realmente ser benéficos para nós? A Professora Michelle LeBaron, especialista em transformação de conflitos na University of British Columbia, no Canadá, acredita que eles podem ser essenciais para o nosso crescimento como indivíduos.

"O conflito pode ser um motor de mudança social e nos ensinar muitas coisas sobre nós mesmos e sobre os outros", diz a Professora LeBaron. "Mas o que realmente precisamos fazer é aprender a estar no conflito de forma positiva, respeitando as opiniões dos outros.

As pessoas têm entrado em conflito desde o início dos tempos, e ainda estamos aqui. Há até um caractere chinês que representa tanto conflito/crise quanto oportunidade."

Essas duas ideias também estão presentes em um provérbio chinês que diz: Uma crise é uma oportunidade montada em um vento perigoso.

Duas partes sem treinamento podem realmente resolver seus conflitos sem a ajuda de um mediador especializado?

"Bem, tudo depende de quem são as partes", afirma a professora LeBaron. "Elas realmente ouvirão uma à outra, conversarão e agirão com sinceridade? Tentarão entender o ponto de vista do outro? Conseguirão colocar suas próprias necessidades de lado por um tempo? Transformar um conflito pode ser muito difícil. Você absolutamente precisa prestar atenção ao processo."

Grande parte dos conflitos no mundo tende a ser de natureza cultural ou geracional, e às vezes uma mistura dos dois. Considere alguém do Oriente e alguém do Ocidente, com princípios diferentes, trabalhando lado a lado por oito horas por dia. Uma mentalidade conservadora e uma mentalidade liberal compartilhando o mesmo carro cinco dias por semana. Um adolescente e um pai com visões diferentes sobre o que significa ser adulto tentando estabelecer um horário para chegar em casa. Todos esses cenários têm o potencial de gerar grandes conflitos.

A resolução de conflitos é melhor realizada em um encontro cara a cara?

"Na maioria das vezes, sim, mas nem sempre. Considere o reino animal e dois cães se olhando diretamente nos olhos. Sempre há uma chance de escalada", explica a professora LeBaron. "É melhor que as pessoas estejam no mesmo ambiente, ou pelo menos se comunicando por Zoom. Você capta muitos sinais ao ver a outra pessoa. Muitas vezes é melhor que se sentem em ângulos diferentes e mantenham um olhar mais suave. Pense em como casais frequentemente resolvem problemas durante caminhadas longas, quando estão presentes no momento, mas não exatamente frente a frente."

"Conexão" é um termo que pode ser usado tanto no Kung Fu quanto na resolução de conflitos, com um significado semelhante: sentir o que o outro lado está expressando.

"Na mediação de conflitos, geralmente é o mediador quem acaba sendo pisoteado por ambos os lados, servindo como um ponto de equilíbrio entre as partes."

É possível que pessoas com experiência em Artes Marciais tenham mais ferramentas para evitar conflitos?

"Acho que sim, porque muitas artes marciais enfatizam o princípio de ceder um pouco antes de reagir", observa a professora LeBaron.

Perspectiva de Paul: Avançando

Minha esposa, April, ocasionalmente participa da loteria diária para ganhar ingressos com desconto para a Broadway. Após ser notificada de que havia vencido para um determinado espetáculo, nos vimos inesperadamente dirigindo de Queens para Manhattan no início da noite, estacionando e depois caminhando até o teatro.

Mesmo sendo uma noite de semana, as calçadas da Times Square estavam lotadas de turistas, frequentadores de teatro e uma variedade de nova-iorquinos nativos, como nós. Sempre que caminho pelas ruas movimentadas de Manhattan, fico atento, observando cuidadosamente aqueles que possam estar passando por problemas pessoais ou tenham intenções questionáveis.

Enquanto April estava encantada com as placas brilhantes e as luzes cintilantes, meus ouvidos captaram um som interessante. Era o típico grito de combate de um filme de Kung Fu de baixo orçamento — um agudo "hi-yah".

Olhei por cima do ombro e avistei um homem alto, provavelmente com uns vinte e poucos anos, vestindo uma camiseta rasgada e andando com um exagerado balanço nos passos. De imediato, tive a impressão de que ele estava lutando para controlar suas emoções.

Ele entrou diretamente no caminho de uma mulher mais velha, provavelmente na casa dos cinquenta anos, repetindo aquele som e levantando as mãos na direção dela. Suas mãos giravam em círculos laterais, exatamente como em uma encenação teatral de Kung Fu. A mulher soltou um pequeno suspiro, talvez assustada demais para gritar, até que algumas pessoas que estavam com ela a puxaram rapidamente para longe, afastando-a do perigo.

April não percebeu nada daquela interação. Mas, sutilmente, parei por um instante, buscando um espaço mais seguro enquanto observava o jovem continuar seu caminho à nossa frente.

Senti pena dele e, por trabalhar com tantos adolescentes problemáticos ao longo dos anos na educação, compreendi que ele não tinha total controle sobre suas ações. Deixei que ele avançasse cerca de vinte e cinco metros à frente antes de voltarmos a caminhar.

Como ele era muito alto, sua cabeça se destacava no meio da multidão. O destino quis que, de repente, ele mudasse de direção, vindo em nossa direção. Seus olhos se fixaram nos meus, e ele começou a marchar diretamente para mim.

O falso lutador de Kung Fu estava prestes a testar um verdadeiro praticante da arte.

Se houvesse um caminho para desviar dele naquela rua lotada, eu o teria tomado. Mas não havia. Ele parou a menos de um metro e meio de mim, alinhado exatamente com meu centro. Quando começou a girar as mãos em círculo novamente, entrei imediatamente em jong sau, fechando o espaço entre nós para interrompê-lo.

Minhas mãos cortaram através das dele, e meus dedos tocaram seu queixo. Ele imediatamente recuou vários passos. Se eu estivesse me preparando para uma luta real, teria avançado atrás dele, sem dar espaço para reação.

Mas não fiz isso. Nunca quis machucá-lo.

Eu só precisava que ele saísse do meu espaço para a segurança de ambos.

O jovem, irritado, seguiu pela rua, e a multidão automaticamente se afastou para dar passagem. Ele caminhou mais uns trinta metros antes de se virar para uma placa metálica de calçada e socá-la com toda sua força.

Não sei como ele não quebrou a mão.

Logo depois, virou a primeira esquina e desapareceu no meio da multidão.

April estava abalada e preocupada.

"Ainda quer assistir ao espetáculo? Você realmente consegue sentar e aproveitar depois disso?" — perguntou com voz apreensiva.

"Claro. Está tudo bem e ninguém se machucou," respondi. "Só espero que aquele cara consiga ajuda."

Cinco minutos depois, na porta do teatro, ela perguntou:

"Como você consegue ficar tão calmo e simplesmente deixar isso para trás?"

A resposta veio com facilidade.

"É isso que o treinamento te dá," respondi. "Eu não levei para o lado pessoal. Não era sobre mim, era sobre ele. Ter um pouco de Kung Fu te ajuda a enxergar as situações com mais clareza e responder da forma certa. Agora vamos entrar para o espetáculo."

Aplicações na Vida

- Um atendente do caixa insiste que seu cupom de desconto para mantimentos expirou, mesmo não havendo nenhuma data de validade impressa. Você argumenta, mas a conversa rapidamente chega a um impasse, e o atendente se torna um pouco rude. Nesse momento, você encerra a discussão e pede para falar com o gerente.
- Você ganha um suéter de presente de aniversário da sua tia. O estilo definitivamente não combina com você. Além disso, ele está um pouco apertado nos ombros, então você

agradece o presente, mas menciona que o tamanho está pequeno. Sua tia lhe entrega o recibo da compra, e você o troca por um suéter mais ao seu gosto — e no tamanho correto.

- Alguém está fumando em uma área proibida e isso está desencadeando sua asma. Em vez de discutir com quem está quebrando a regra, você simplesmente informa a segurança e deixa que eles resolvam a situação.
- Um casal amigo quer dividir a conta do jantar. O problema é que eles pediram duas entradas, sobremesa e uma taça de vinho cada, enquanto você e seu parceiro pediram apenas um prato principal. Eles já fizeram isso antes. Desta vez, você se antecipou e combinou discretamente com o garçom para trazer duas contas separadas, evitando um possível conflito e ressentimentos.

"A paz não é a ausência de conflito, mas a capacidade de lidar com o conflito por meios pacíficos."

— Ronald Reagan, ex-presidente dos EUA

CONVIDADO DE HONRA
Doc-Fai Wong (San Francisco, CA, Estados Unidos)

O Si Fu Doc-Fai Wong ensina a arte do Kung Fu há mais de meio século. Ele é especialista em Choy Li Fut, um estilo que combina formas inspiradas em animais e técnicas de mãos poderosas, características do Kung Fu do Sul da China, com o ágil jogo de pés e os movimentos corporais dos estilos do Norte.

"Quando criança, na minha cidade natal (aldeia de Wangshan, na província de Guangdong), minha família me levava para assistir à Ópera Cantonesa. As cenas que mostravam artes marciais, com armas e espadas, capturaram minha imaginação", conta o Si Fu Wong. "Quando cheguei a São Francisco, ainda adolescente, era facilmente identificado como um F.O.B. (*Fresh Off the Boat* — recém-chegado de navio), o que constantemente me tornava alvo de valentões. Isso me assustou e despertou minha vontade de aprender a me defender."

Sua determinação em aprender era forte, e ele buscava conhecimento sempre que encontrava alguém com experiência.

"Sempre que via alguém que sabia artes marciais, eu perguntava se podia me ensinar. Depois, quando fui morar na Chinatown de São Francisco, ao lado de um grande teatro (o Great Star Theater, que apresentava óperas chinesas, filmes e entretenimento), finalmente encontrei uma escola."

Wong aprendeu Choy Li Fut com Grão-Mestre Lau Bun, um dos primeiros a trazer essa arte para os Estados Unidos. Seu aprendizado com Si Fu Lau começou no início dos anos 1960 e durou até o falecimento do mestre, em 1967.

"Naquela época, nos torneios, os representantes do Kung Fu apenas demonstravam formas. Não havia combates. Mas eu via outros participantes se aquecendo para lutar, então resolvi segui-los."

Doc-Fai Wong causou um impacto tão grande com sua arte, atacando os membros de seus oponentes, que muitos espectadores e amigos passaram a querer aprender com ele. Logo, aos 19 anos, abriu sua primeira escola, ensinando em uma garagem.

"Nos anos 1970, o Kung Fu estava em alta, por causa da série de TV *Kung Fu*, com David Carradine, e dos filmes de Bruce Lee.

Meu número de alunos cresceu muito", lembra o Si Fu Wong.

Em busca de um conhecimento ainda mais profundo sobre sua arte, incluindo algumas formas esquecidas, Wong viajou para a China. Durante um jantar marcial, acabou sendo colocado, por coincidência, ao lado do Grão-Mestre Hu Yuen Chu. No dia seguinte, os dois treinaram juntos. Mesmo em idade avançada, Si Fu Chu demonstrou uma habilidade impressionante ao lançar Wong vários metros para trás, fazendo-o cair de um pequeno balcão para o andar inferior. O impacto dessa experiência marcou Wong, dando início a um longo discipulado entre mestre e aluno.

Si Fu Wong também relembra o período de declínio da popularidade do Kung Fu nas décadas seguintes.

"As pessoas ligavam para a escola querendo aprender Karatê. Quando eu dizia que ensinava Kung Fu, elas desligavam, desapontadas."

Hoje, aos setenta e poucos anos, a arte do Si Fu Doc-Fai Wong, Choy Li Fut, e suas escolas ao redor do mundo continuam crescendo.

"Agora, as pessoas me perguntam: 'Você ensina Kung Fu?' E eu muitas vezes respondo: 'Por quê? Você gosta de Kung Fu?'

Percebi que não é meu trabalho explicar o que é Kung Fu, mas sim fazer com que você venha até minha escola e experimente por si mesmo."

CAPÍTULO 19

O BONECO DE MADEIRA E ALÉM

"As expectativas da vida dependem da diligência; o artesão que deseja aperfeiçoar seu trabalho deve primeiro afiar suas ferramentas."
— Confúcio, pensador chinês

Mesmo que você nunca tenha ouvido falar do Wing Chun Kung Fu, provavelmente já viu um de seus principais instrumentos de treinamento: o Muk Yan Jong, ou, como é mais comumente chamado, o Boneco de Madeira. Talvez tenha visto atores e artistas marciais como Jackie Chan e Donnie Yen treinando nele com uma velocidade e precisão impressionantes. E por que não? É algo incrível de assistir.

No entanto, aprender a sequência do boneco de madeira não é uma tarefa simples, e a dedicação necessária para alcançar esse nível de treinamento influencia positivamente diversos aspectos da sua vida cotidiana.

Atributos Físicos

O Boneco de Madeira é um passo fundamental para aprimorar o posicionamento e o jogo de pés do praticante de Kung Fu, além de desenvolver transições econômicas entre diferentes posições. A sequência associada ao boneco, composta por 108 movimentos distintos, faz parte do quarto componente principal do Sistema Wing Chun. Segundo a lenda, essa sequência teve origem no Templo Shaolin, onde havia um desafiador percurso de 108 bonecos que era utilizado para aperfeiçoar movimentos e técnicas individuais.

Tradicionalmente, os bonecos de madeira na China continental eram enterrados (Dei Jong). No entanto, ao se mudar para Hong Kong, onde os pisos eram predominantemente de concreto, Ip Man solicitou a um famoso carpinteiro chamado Jo Muk Hin que alterasse o design do boneco.

Em 1951, Jo apresentou a Ip Man um protótipo suspenso, onde o tronco principal era atravessado por ripas de madeira fixadas a uma estrutura portátil.

Como um benefício inesperado, essas ripas horizontais flexionavam um praticante fazia contato com o tronco, criando um efeito de mola e imitando a energia que um oponente poderia devolver.

No entanto, é importante esclarecer: o boneco de madeira não pode substituir um parceiro humano, nem replicar suas reações. Ele é apenas um recurso complementar.

Meu pai costumava enfatizar aos alunos que chegavam ao estágio da sequência do boneco de madeira:

"É como uma máquina de escrever. Você não aprende com uma máquina de escrever. Mas pode usá-la para escrever melhor."

O boneco possui três braços e uma perna. Esses membros não representam, literalmente, os braços e pernas de um oponente real, mas sim o posicionamento dos ataques do seu adversário e os caminhos da energia potencial.

Como o boneco não se move para frente, para trás ou para os lados — ao contrário de um oponente real, que absorveria a sua energia —, o praticante precisa ajustar continuamente sua própria posição para compensar a natureza estacionária do aparelho.

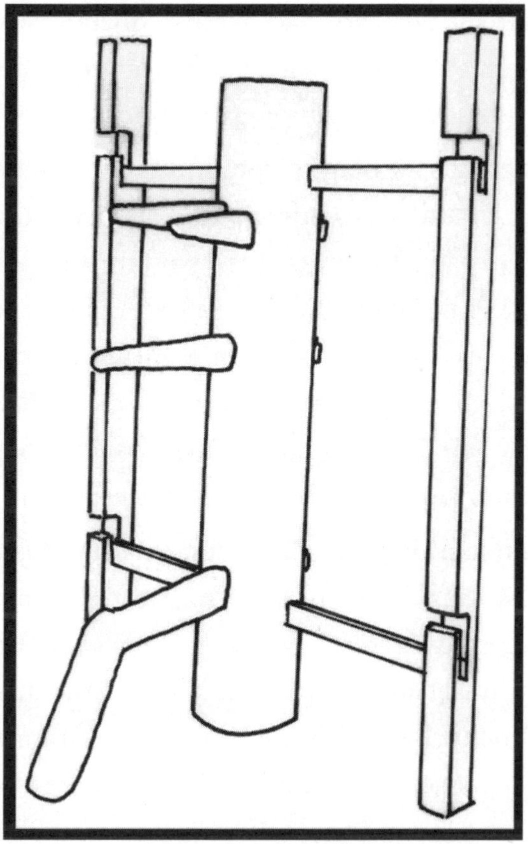

Boneco de Madeira

Para uma demonstração visual, acesse o QR Code e assista o vídeo 19 **William Moy: Demonstrando a Sequência do Boneco de Madeira**

(Da Minha Vida) Aquele Som Singular

Lembro-me de praticar no boneco de madeira quando era adolescente, depois das aulas na escola do meu pai, na Chinatown. Enquanto isso, ele ficava no estúdio dos fundos fazendo seus trabalhos artísticos. Eu sabia que qualquer ruído excessivo vindo do boneco poderia chamar sua atenção. Não que isso quebrasse sua concentração enquanto pintava uma aquarela, mas porque ele conseguia ouvir o som e saber se eu estava fazendo corretamente — ou não!

Golpear os braços do boneco com muita força poderia fazer com que eu ultrapassasse a posição desejada, o que seria um problema em uma situação real de autodefesa. Meu pai também prestava atenção ao som quase singular das batidas simultâneas nos diferentes braços do boneco, algo essencial para garantir o timing correto, especialmente em técnicas como Gaang Sau (Mão que Cultiva, usada para bloquear ataques médios e baixos) e Qwan Sau (Mão que Roda, usada para bloquear ataques altos e baixos ao mesmo tempo).

Ele me ensinou a remover aleatoriamente um dos três braços do boneco e depois verificar se minha técnica atingia exatamente o ponto onde o braço estava antes. Levando esse conceito um passo adiante, ele também me ensinou a praticar a forma no ar, sem o boneco, um exercício conhecido como Da Hung Jong, um procedimento de checagem da sequência do boneco, mas sem a presença do mesmo. Daí o nome Hung Jong (Boneco Vazio). Esse treino realmente aprimora a precisão, ensinando a controlar a energia sem ultrapassar o alvo, pois não há nada ali para absorver o impacto.

Há uma razão para um aparelho aparentemente simples como o Boneco de Madeira (Muk Yan Jong) ser parte do quarto componente principal do Wing Chun. Antes de usá-lo, é necessário aprender todas as técnicas e suas possíveis combinações, tanto de mãos quanto de pernas.

No entanto, muitos praticantes experientes consideram um estudante iniciante que se aproxima do boneco e desfere alguns golpes em seus braços como alguém que, sem qualquer preparo, é colocado ao volante de uma Ferrari em uma pista de Grande Prêmio. Há um conhecimento e uma experiência que estão visivelmente ausentes.

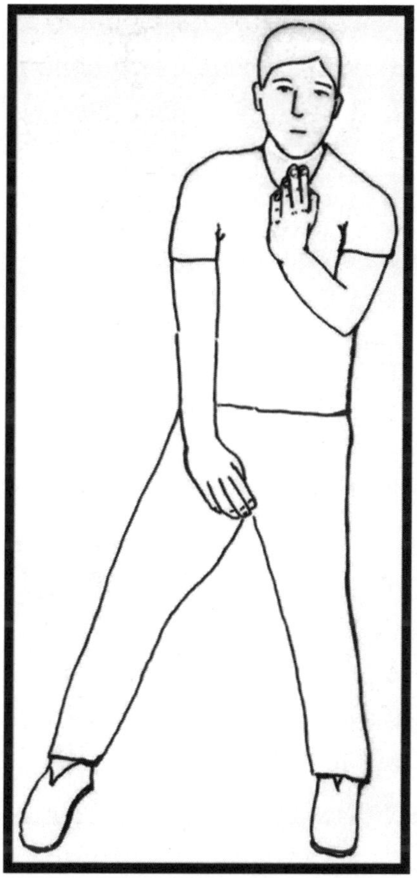

Gaang Sau

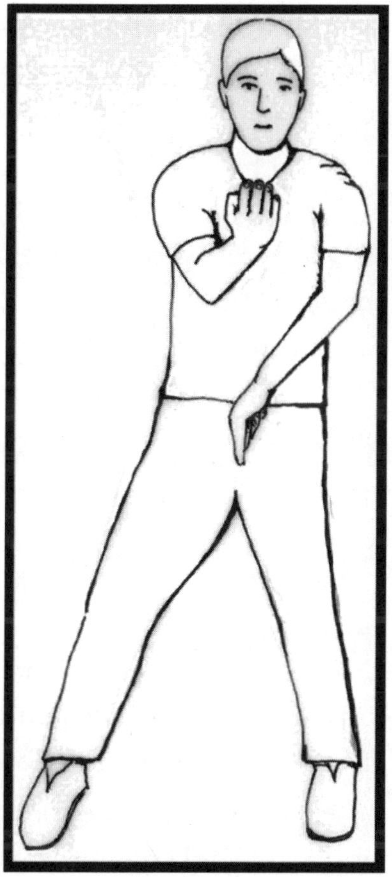

Qwan Sau

"Uma das maiores e mais simples ferramentas para aprender mais e crescer é fazer mais."

–Washington Irving, escritor e historiador

(Kung Fu Natural) O Cavalo de Madeira

O renomado jóquei de puro-sangue Frank Lovato Jr. demonstrou um notável exemplo de Kung Fu ao projetar algo surpreendentemente semelhante ao boneco de madeira do Wing Chun. Em 1981, aos 18 anos, Lovato quebrou a perna durante uma corrida e precisava de um dispositivo de treinamento para ajudá-lo a recuperar sua melhor forma na sela. Ele imaginou algo que pudesse simular as posições da equitação competitiva, da mesma forma que o boneco de madeira permite que um praticante de Kung Fu treine diversas técnicas sozinho.

“Na época, eu fazia muita reabilitação e fisioterapia, mas não conseguia recuperar a flexibilidade necessária no joelho para assumir corretamente a posição de montaria. Depois de uma segunda cirurgia, o joelho ficou ainda mais rígido”, lembrou Lovato. “Então, lembrei-me de quando era criança e queria desesperadamente montar, mas não tinha meu próprio cavalo. Certo dia, fui até um canteiro de obras, peguei alguns pedaços descartados de madeira e construí um para mim.”

Essa lembrança de infância inspirou Lovato, que, com a ajuda de um amigo habilidoso, criou o primeiro protótipo do que hoje é conhecido mundialmente como Equicizer — uma réplica de cavalo de corrida com molas, que permite tanto a iniciantes quanto a profissionais aprenderem e aprimorarem suas habilidades na sela.

“Foi um grande sucesso para mim,” disse Lovato, que acabou retornando triunfalmente às corridas. “Anos depois, o Equicizer foi usado no filme *Seabiscuit* (2003). O ator principal, Tobey Maguire, não era um cavaleiro experiente, então treinou exclusivamente no Equicizer para sentir como era montar um cavalo. Em todas as cenas em que a velocidade ultrapassa um galope, o Equicizer foi utilizado.

Ele era colocado em um reboque plano, e a cabeça de um puro-sangue era sobreposta digitalmente (com a ajuda de um modelo prostético) no lugar da versão de madeira. Até mesmo os jóqueis reais do filme o usaram. O ambiente controlado ajudou as câmeras a capturar melhor suas expressões faciais enquanto ‘cavalgavam’.”

Atualmente, com o auxílio de alguns funcionários, Frank Lovato produz cerca de 70 Equicizers por ano, feitos à mão. Sua criação genial ajudou tanto iniciantes quanto cavaleiros profissionais ao redor do mundo.

Treinamento com Armas

O Sistema Wing Chun também inclui duas práticas de armas:

- O Bastão de Seis Pontos e Meio (Luk Dim Bun Gwan), frequentemente chamado de Bastão Cauda de Rato, devido à sua extremidade afilada.
- As Facas Duplas (Baat Jaam Do), um par de lâminas curtas.

Embora seja altamente improvável que alguém enfrente um adversário armado com essas armas em combate real, treinar com elas aprimora significativamente as habilidades no Kung Fu.

As sequências das armas geralmente são ensinadas no final do sistema, pois são uma extensão dos princípios e técnicas refinadas ao longo dos anos de treinamento diligente.

Por exemplo, o aprendizado do bastão reforça a postura baixa, o afundamento do peso corporal e a raiz firme no solo. Ele também melhora a potência dos golpes ao ensinar o praticante a usar o próprio corpo como ponto de apoio para manipular o peso do bastão (que pesa cerca de 2,3 kg), além de fortalecer os pulsos.

Já as Facas Duplas, que possuem um comprimento equivalente à soma do antebraço e do punho do praticante, ajudam a aprimorar o conceito de cobertura.

O objetivo não é trocar golpes com um oponente armado, pois ninguém gostaria de absorver um golpe de lâmina.

Em vez disso, o treinamento desenvolve potência a partir do centro do corpo (core e cintura) e intensifica o foco na ponta da lâmina — o mesmo princípio aplicado aos golpes desarmados, onde concentramos a força até o ponto final de um ataque.

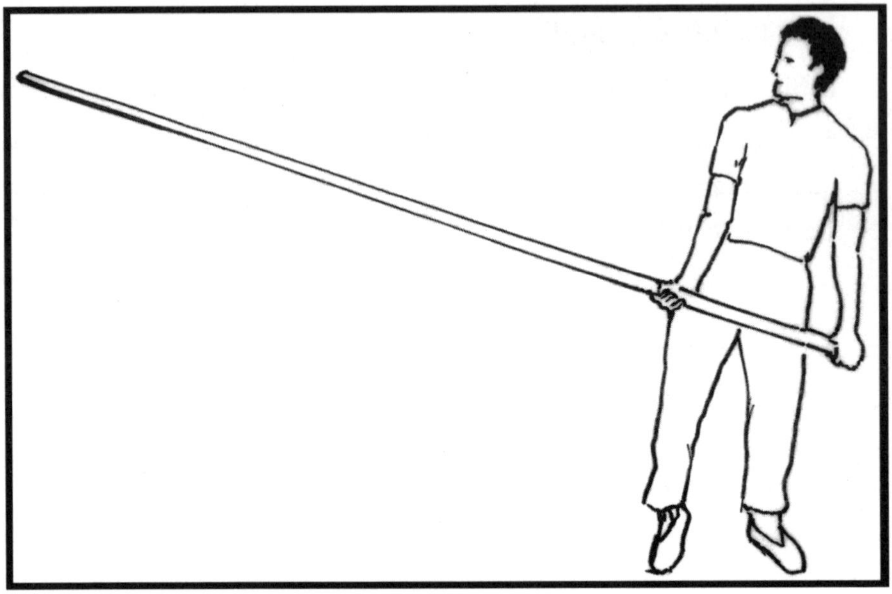

Luk Dim Bun Gwan

Baat Jaam Do

Para uma demonstração visual, acesse o QR Code e assista o vídeo 20 **William Moy: Introduzindo Bastão Longo e Facas Duplas**

Perspectiva de Paul: Sentado

Eu amava a sensação do Boneco de Madeira na escola do Si Fu William em Bayside, Queens. Foi no boneco que eu originalmente aprendi a forma. Aquele boneco tinha uma sensação notavelmente natural. Eu podia fechar os olhos enquanto praticava nele e quase acreditar que estava recebendo feedback de um parceiro humano.

Então, quando finalmente consegui um boneco próprio, montado na estrutura da escada do meu porão, a sensação não era exatamente a mesma, e eu sempre fiquei um pouco desapontado com isso.

Como jornalista esportivo trabalhando em uma cabine de imprensa, percebi que a maioria dos escritores, sentados por boa parte do dia, eram extremamente possessivos com suas cadeiras, acreditando que nenhuma outra cadeira ali tinha a mesma sensação.

E eu testemunhei várias discussões acaloradas e quase brigas pela posse de uma cadeira favorita.

Isso realmente não importava para mim, eu me sentava em qualquer cadeira disponível. Basicamente, todas pareciam exatamente iguais. E, na minha opinião, a diferença na sensação entre elas era quase imperceptível.

Um dia, um dos escritores se levantou e fez um discurso insultuoso. Ele se proclamou um escritor diário, o que significava que estava lá cinco dias por semana, e, portanto, muito mais merecedor de uma cadeira preferida do que as pessoas de fim de semana, como eu, que trabalhavam principalmente aos sábados e domingos. Seus comentários carregados de raiva foram tão exagerados que eu não os contestei na hora, acreditando que isso poderia levar a um confronto realmente desagradável entre nós.

Quando voltei cedo na manhã seguinte para trabalhar em uma matéria, fui o primeiro a chegar à cabine de imprensa. Notei que aquele mesmo escritor incrédulo havia colocado um pedaço de fita adesiva de quatro polegadas de comprimento, correndo verticalmente na parte de trás de sua cadeira, como um marcador para reconhecê-la. Eu sabia que não seria certo remover a fita. Existe uma confiança entre os escritores para nunca mexer na propriedade uns dos outros na cabine de imprensa, embora a cadeira pertencesse ao hipódromo e não a ele.

Em vez disso, medi seis outros pedaços de fita adesiva de quatro polegadas, colocando-os exatamente no mesmo lugar na parte de trás de diferentes cadeiras. Então, movi essas cadeiras para perto da dele e as misturei, minha própria e travessa versão do jogo das cadeiras.

E eis que, cinco minutos depois de eu ter terminado, aquele mesmo escritor foi o próximo a chegar. Eu me sentei silenciosamente a três metros de sua mesa, em uma cadeira sem fita, trabalhando no meu laptop, mas também observando-o. Ele viu a fita em todas aquelas cadeiras e parecia totalmente perplexo. Uma por uma, ele se sentou em cada uma, tentando descobrir qual era realmente a dele.

Ele tinha que saber que fui eu quem colocou a fita em todas aquelas cadeiras, mas escolheu nunca abordar o assunto. Talvez ele simplesmente não quisesse me dar mais satisfação do que eu já estava sentindo. Eventualmente, ele se sentou e começou a trabalhar na cadeira errada.

Assistir a sua luta com aquelas cadeiras realmente me curou da minha insatisfação com o boneco de madeira pendurado no meu porão. E, a partir daquele dia, comecei a valorizar a sensação do meu próprio boneco e parei de desejar praticar em qualquer outro.

Aplicações na Vida

- Você decide pendurar vários pôsteres nas paredes do escritório apenas com base no olho, sem as ferramentas corretas. Então, um de seus colegas de trabalho diz que alguns dos pôsteres estão ligeiramente inclinados para a direita ou para a esquerda. Então, você procura o departamento de manutenção da empresa em busca de um nível.
- Seu filho se tornou obcecado em ser aceito em uma aula de cálculo no ensino médio. Então, você marca uma reunião com o professor de matemática, que diz que seu filho simplesmente não está pronto porque ainda não passou por Álgebra 2.
- Incapaz de encontrar um parceiro para praticar dança no seu horário, você começa a se concentrar em danças que pode praticar sozinho.
- Embora provavelmente nunca seja desafiado para um duelo de esgrima na rua, você gosta de treinar o esporte, sabendo que ele traz muitos aspectos positivos para sua vida.

"Nós nos tornamos aquilo que contemplamos. Moldamos nossas ferramentas e, em seguida, nossas ferramentas nos moldam."

— Marshall McLuhan, filósofo e crítico de mídia

CAPÍTULO 20

LEVANDO SEU BOM KUNG FU PARA O AMANHÃ

"Exorto-vos também a tomar parte no grande combate, o combate da vida, que é superior a qualquer outro conflito terreno."

— Platão, filósofo grego

É difícil para mim explicar a você o quanto sou grato. Sou grato por meus pais e minha família, e especialmente por meu pai, o Patriarca Moy Yat, que me transmitiu este grande sistema, o Wing Chun Kung Fu, com o qual pude influenciar a vida dos meus alunos. E já que você chegou tão longe em nosso livro, talvez você realmente passe a me considerar como seu si fu, seu guia na arte do Kung Fu.

Ao longo dessas muitas páginas, nunca foi minha intenção ensinar você a lutar, algo que seria incrivelmente difícil de aprender apenas lendo um livro.

Em vez disso, minha intenção tem sido ensinar você a se defender e proteger seus entes queridos em muitas situações comuns — na rua, em casa, na escola e no trabalho — principalmente através da sua escolha de palavras, da sua capacidade de antecipação e da sua habilidade de escolher um caminho que leve a ações não violentas.

Suponho que algumas artes marciais medem sua eficácia pelo número de confrontos que seus alunos vencem. Na minha opinião, gosto de pensar de forma diferente. Eu preferiria muito mais celebrar o número de confrontos que meus alunos evitam com sucesso.

Mas, se você se encontrar diante do inevitável, lembre-se dos conceitos que aprendeu aqui. Controle seu espaço por meio da sua noção de distância, não permitindo que ninguém em quem você não confie plenamente entre em sua distância crítica. Ocupe sua Linha Central com Jong Sau, ambos os braços projetados à frente com uma mão alinhada atrás da outra e seus cotovelos protegendo seu corpo.

Entenda que não há problema em dizer: "Me deixe em paz", "Por favor, vá embora" e até mesmo "Não me machuque". Sua voz elevada, combinada com sua postura, transmitirá que você não tem medo.

Mantenha sempre sua defrontação (Dui Ying) e nunca desvie o olhar de uma ameaça potencial. Seus olhos e sua atenção aos detalhes, enquanto mantém a ameaça emergente firmemente na sua Linha Central, naturalmente fortalecerão suas habilidades. Manter uma defrontação adequada também ajudará a manter um bom equilíbrio. Afunde seu peso corporal, agarre o chão com os pés e lembre-se de se mover como um todo coeso.

Se você tiver sua distância crítica assegurada, a Linha Central ocupada, sua defrontação apropriada e seu equilíbrio estabelecido, então poderá estar confiante e relaxado em sua capacidade de se defender com sucesso.

O Impacto na Sua Vida

Muitos artistas marciais treinam diligentemente por anos e nunca precisaram usar suas habilidades em um confronto físico. Eu sinceramente espero que você possa estar entre eles. Então, qual seria a recompensa por todo o seu esforço, se não vencer uma luta?

Como vimos, o Wing Chun Kung Fu é uma arte muito adaptável, tornando-o extremamente acessível para o crescimento pessoal e a melhoria geral em diversos aspectos da vida cotidiana. Considere um dos axiomas do sistema: "A natureza do Wing Chun não tem limite em seu uso"[47]. Não importa se você está pegando carona em um carro, esperando na fila do caixa ou tentando encontrar um assento vago em um cinema escuro, seu Kung Fu estará sempre no seu bolso.

47 O autor faz referência ao axioma "Wing Chun Kuen Lei Kei Yung Mo Kung".

A Teoria da Linha Central nos ensina a ser diretos e retos com os outros e conosco mesmos. Ao viajar a menor distância entre dois pontos, tanto literal quanto figurativamente, isso nos permite economizar tempo precioso e reduzir o desperdício de esforços. Também aprendemos sobre o valor da estrutura e do posicionamento. Quando falhamos em possuir qualquer um desses atributos, seja ao criar um relatório profissional para o nosso trabalho ou ao tentar descer uma escada estreita carregando uma cesta cheia de roupas, o resultado pode ser menos do que satisfatório.

O conceito de redirecionar forças externas nos mostra como podemos diminuir pressões externas que podem nos ser impostas em muitos cenários diferentes, desde o trabalho até compromissos sociais. Ao subjugar essas pressões, a ideia de estar relaxado nos permite dobrar sem quebrar; estar tenso simplesmente dá à força oposta um ponto de apoio em nosso corpo para nos mover, mental e fisicamente, na direção que nosso oponente deseja que sigamos.

E o exercício Chi Sau nos dá um modelo de como combinar muitas habilidades ao mesmo tempo: equilíbrio, estrutura, defrontação, relaxamento, manter o centro e manter ambas as mãos ativas enquanto trabalham independentemente uma da outra. É um exercício que nos prova que podemos, de fato, nos tornar mestres da multitarefa.

Seu Bom Kung Fu

Como discutido em nossa Introdução, a ideia de possuir um bom Kung Fu vai muito além da capacidade do praticante de lutar. A cultura chinesa, na verdade, valoriza mais as pessoas que tratam os outros com respeito enquanto mantêm o controle sobre suas próprias vidas. Essa é minha maior esperança para todos os meus alunos, incluindo você — que alguém observe suas ações e diga que você possui "bom Kung Fu".

Às vezes, isso se manifesta em coisas muito simples.

Lembro-me de estar em um encontro agradável de amigos e familiares em um restaurante local. Todos pareciam estar com uma fome absurda, aguardando a chegada de uma panela de barro fumegante, recheada com um delicioso ensopado de carne. Quando o garçom colocou o prato diante do meu pai, a expectativa de todos aumentou.

Aproveitando a oportunidade para tornar a refeição mais acessível a todos, meu pai habilmente pegou a panela pelas alças e, com suavidade, a levantou em direção à plataforma giratória no centro da mesa[48]. De alguma forma, naturalmente sincronizado com suas ações, deslizei rapidamente um descanso de cortiça sob a panela para evitar que queimasse a superfície de vidro. Essa coordenação perfeita, ainda que não planejada, divertiu várias pessoas presentes, e alguém comentou: "Isso que é bom Kung Fu!"

Como conseguimos tal feito sem pistas verbais ou gestos?

Enquanto estava sentado à mesa, eu estava completamente presente, observando as ações tanto do garçom quanto do meu pai.

Assim que meu pai pegou as alças da panela, entendi qual seria sua intenção e agi de acordo, usando o senso comum e a lógica.

Para mim, no dia a dia, ter um bom Kung Fu significa estar presente no momento. E, é claro, estou pegando emprestado esse conceito do Zen Budismo. Como Buda disse certa vez:

"O passado já se foi, o futuro ainda não chegou. Há apenas um momento para você viver, e esse momento é o presente."

Mantenha-se atento ao presente, e seu bom Kung Fu será exemplar.

"A perfeição não é alcançável, mas se perseguirmos a perfeição, podemos alcançar a excelência."

— Vince Lombardi, renomado treinador de futebol americano

48 Chamada de Lazy Susan nos EUA, essa estrutura de vidro geralmente redonda é posicionada no centro da mesa para facilitar o acesso aos pratos compartilhados. Nos restaurantes chineses no Brasil, os termos mais comuns para se referir a ela são "mesa giratória" ou "centro giratório".

Perspectiva de Paul: Sobre o Estudo

Praticantes de Kung Fu são muito parecidos com jardineiros urbanos. Você pode ver alguém caminhando por uma rua movimentada da cidade carregando uma pazinha e uma enxada.

Então, começa a pensar consigo mesmo: Para onde essa pessoa está indo com essas coisas em meio a todo esse concreto?

Nossa sociedade acelerada muitas vezes nos oferece pouco tempo para apreciar e experimentar o processo natural de crescimento. A sedução apressada do próximo momento iminente—aquele que pode realizar sonhos de torná-lo milionário, estrela pop ou uma sensação viral da Internet em qualquer uma de uma dúzia de plataformas—é onde muitos de nós concentramos nossa atenção.

Os artistas marciais, no entanto, tendem a agir com mais calma. Na maioria das vezes, não têm pressa pelo sucesso. Em vez disso, pacientemente revolvem a terra, plantam sementes, regam, fertilizam e, eventualmente, colhem os frutos do que semearam por meio da prática de um sistema.

A esperança é que os frutos dessa colheita iluminada sejam contínuos, durando por toda a vida. Que o alimento proporcionado também nutra outros que se encontrem em nossa órbita, até mesmo completos estranhos. Pois compartilhar um bom Kung Fu é tão simples quanto esbarrar em alguém e ouvir um "com licença", em vez de "você deveria ter saído do meu caminho".

Então, se você vir alguém andando de ônibus ou metrô usando luvas de jardinagem, reconheça que essa pessoa pode um dia ser responsável por uma brilhante flor de girassol brotando bem em frente ao seu prédio, naquele pedaço esquecido de terra marrom. E essa possibilidade é, de fato, algo digno de aplausos.

Aplicações na Vida

- Diante de um resultado decepcionante em uma tarefa na qual você acreditava que teria sucesso, você revisa sua preparação em busca de pontos onde pode aprimorar suas habilidades fundamentais.
- Ao apertar a mão de alguém que está prestes a ser entrevistado para uma vaga na sua empresa, você percebe a tensão que essa pessoa está sentindo pelo aperto de mão. Então, decide conduzi-la em um breve tour pelo prédio, apresentando-a a vários funcionários para ajudá-la a se sentir mais à vontade.
- Dois vizinhos estão discutindo bem em frente à sua porta. Você percebe que a conversa está prestes a escalar para um nível mais intenso, possivelmente levando a palavras que não poderão ser retiradas. Então, intervém verbalmente, chamando a atenção para si e interrompendo o fluxo do conflito, desequilibrando a dinâmica da discussão.
- Você está sentado na arquibancada para assistir ao jogo de futebol do seu filho. Porém, nesta semana, decide deixar o celular no carro para não se distrair e poder aproveitar plenamente o momento diante de você.

"O ideal nas artes marciais é o humanitarismo. A realização usa a diligência como objetivo."

— Ip Man, artista marcial chinês

PENSAMENTOS FINAIS

SOBRE PASSEIOS DE CARRO

Passeios de carro muitas vezes proporcionam a oportunidade de passar um tempo de qualidade a sós com aqueles que estão viajando juntos. Era assim para meu pai e eu, dirigindo de volta para casa após a aula de Kung Fu, geralmente com ele ao volante e eu no banco do passageiro. Com o mundo exterior fechado atrás do para-brisa, esses passeios de carro nos davam tempo a sós para conversar, abertamente e com honestidade.

Nenhum outro membro da família. Nenhum aluno da aula disputando a atenção do meu pai. Apenas nós dois.

Uma conversa em particular que tivemos permanece especialmente próxima do meu coração. Eu era um adolescente com dificuldades em meus estudos e na escolha de uma possível direção para uma futura carreira. Tudo pesava tanto sobre mim que eu realmente perdi tempo de treinamento, pois não conseguia me concentrar adequadamente.

Na época, meu pai estava pacientemente esculpindo e polindo um pedaço de jade para um projeto de arte. Ele me contou sobre todas as dificuldades que enfrentou ao fazer isso, como cada corte no jade parecia significar tanto para o resultado final que precisava ser perfeito. E como qualquer passo em falso ao longo do caminho dava a impressão de que arruinaria completamente o projeto.

Ele continuou dizendo que esses medos e apreensões em relação ao jade eram, na verdade, sem sentido. Que o olho do artista acabaria trazendo mais beleza à pedra cintilante, não importando o caminho tomado.

"Uma pedra de amolar pode desgastar uma pedra ou polir brilhantemente. Tudo depende do artista que a segura em suas mãos", disse meu pai. "Depende de como essa pessoa vê o mundo."

Foi uma analogia simples, mas que teve um grande impacto sobre mim no momento exato.

Quando saí daquele carro, percebi que o poder de dar direção à minha vida estava em minhas próprias mãos. Minha intensa melancolia começou a desaparecer atrás da fé renovada que encontrei em mim mesmo, a fé de que eu poderia, eventualmente, fazer o caminho certo a partir de qualquer escolha.

E para vocês, meus leitores: espero que, da próxima vez que começar a duvidar de si mesmo, você olhe para trás em nossa jornada juntos pelas páginas deste livro e entenda que o poder está em suas mãos para criar a vida individual que mais lhe convém.

Si Fu William Moy

ANOTAÇÕES

EV
PUBLICAÇÕES